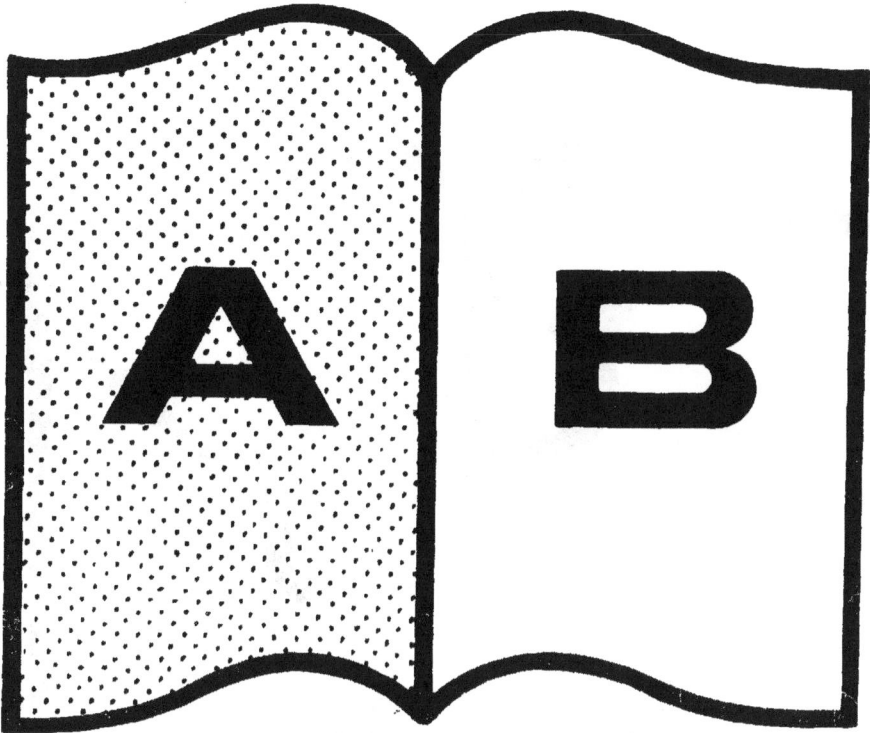

Contraste insuffisant

NF Z 43-120-14

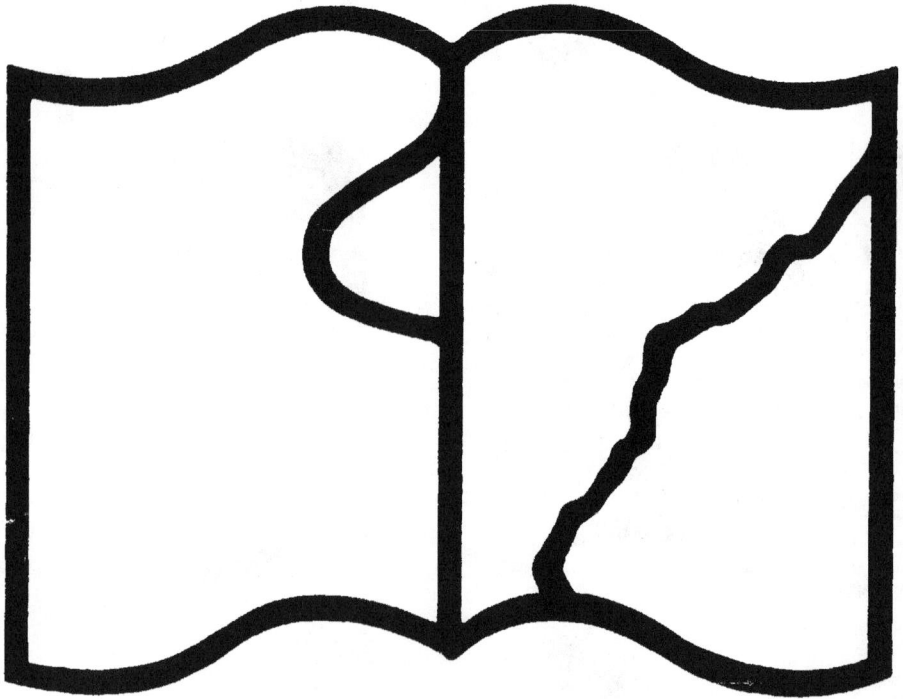

Texte détérioré — reliure défectueuse

NF Z 43-120-11

BIBLIOTHÈQUE
DES ÉCOLES ET DES FAMILLES

L. PAULIAN

LA

PARIS

79, BOULEVARD SAINT-GERMAIN, 79

LA
HOTTE DU CHIFFONNIER

OUVRAGE DU MÊME AUTEUR

PUBLIÉ DANS LA BIBLIOTHÈQUE DES ÉCOLES ET DES FAMILLES

La Poste aux lettres. Un volume in-8°, illustre, broche. 2 fr.
Relié en percaline tr. dorées. 3 fr.

9413-10. — Corbeil. Imprimerie Crété.

BIBLIOTHÈQUE DES ÉCOLES ET DES FAMILLES

LA

HOTTE DU CHIFFONNIER

PAR

LOUIS PAULIAN

OUVRAGE ILLUSTRE DE 47 GRAVURES

D'après J. FÉRAT, P. RENOUARD, etc.

CINQUIÈME ÉDITION

PARIS

LIBRAIRIE HACHETTE ET Cᵉ

79, BOULEVARD SAINT-GERMAIN, 79

1910

Droits de propriété et de traduction réservés

A mes Amis, les Chiffonniers, à vous qui, pendant des nuits entières, sans bien vous rendre compte de l'étude à laquelle je voulais me livrer, m'avez piloté à travers ce monde étrange qui demeure dans la *Cité Maupit*, dîne chez *Biron*, danse au *Vieux-Moulin* et meurt stoïquement sur un tas d'ordures ; à vous qui m'avez fait voir et toucher du doigt ce que le Chiffonnier supporte souvent de privations, de souffrances et de misère pour avoir la liberté telle qu'il la conçoit et n'obéir à aucun maître, ce livre je dédie !

LOUIS PAULIAN.

CHAPITRE PREMIER

HOTTE DU CHIFFONNIER

CHAPITRE PREMIER

LÉGISLATION SUR LA MATIÈRE

Il y a des gens qui vont jusqu'au bout du monde pour faire fortune ou simplement pour essayer de gagner misérablement leur pain de chaque jour. A Paris il suffit de se baisser pour ramasser de l'argent dans la rue. En effet les Parisiens, en véritables prodigues qu'ils sont, jettent tous les jours plus de 50 000 francs sur la voie publique : ce qui représente 18 millions par an.

Évidemment ce n'est pas sous forme de billets de banque ni même de pièces de cent sous que se répand cette véritable fortune. Telle qu'elle est lorsqu'elle tombe dans la rue, vous la foulez aux pieds et n'en voudriez pas ramasser une miette. Heureusement pour la société, tout le monde ne partage pas le même dégoût et il existe un spécialiste aussi intrépide que patient, dont la fonction sociale consiste à extraire l'or de l'ordure. Ce spécialiste, c'est le chiffonnier, et les 50 000 francs que nous jetons dans la rue se trouvent dans ces résidus de ménage que matin et soir les cuisinières vident au bord du trottoir.

Le chiffonnier est aussi vieux que le monde. De tout temps il y a eu des gens qui, réduisant leurs besoins à leur plus simple expression, ont trouvé le moyen de vivre et quelquefois de vivre à leur aise en ramassant les miettes du festin du riche.

« Travaillons, — a dit le fabuliste, — prenons de la peine, c'est le fonds qui manque le moins. » Les chiffonniers ont suivi le conseil, ils ont travaillé, ils ont pris de la peine et à force de fouiller ce fonds inépuisable qui s'appelle le tas d'ordures, ils ont réussi non seulement à vivre eux et les leurs, mais encore à faire vivre et prospérer un nombre considérable d'industries, auxquelles ils fournissent la matière première.

Grâce au chiffonnier rien n'est perdu. « Tout passe, tout lasse, tout casse », mais tout aboutit à la rue, et au moment où le détritus le plus informe semble avoir terminé son existence et n'être plus bon qu'à produire de l'engrais, le chiffonnier s'en empare, le met dans sa hotte, dans cette hotte magique d'où il ressortira transformé, régénéré, métamorphosé et prêt à fournir une nouvelle carrière.

Grâce au chiffonnier, nous pouvons nous vêtir, nous chausser et nous coiffer à bon marché; grâce à lui, le prix d'un grand nombre d'objets d'une consommation courante a baissé de plus de moitié. Les chiffonniers? Mais ce sont de véritables créateurs, et leur hotte est certainement une corne d'abondance d'où s'échappent des trésors de toute nature.

Tous, tant que nous sommes, grands ou petits, riches ou pauvres, nous sommes tributaires des chiffonniers et vous-mêmes, mesdames, qui me faites l'honneur de jeter les yeux sur ces lignes, si vous voulez bien me lire jusqu'au bout, vous verrez que vous devez aux chiffonniers une partie de vos charmes et de votre beauté.

Et en échange de tant de services rendus, les malheureux chiffonniers n'ont jamais rencontré dans la société qu'ingratitude, indifférence ou mépris.

Diogène était le premier mendiant de son siècle et on l'a appelé philosophe. Le chiffonnier parisien ne mendie jamais; par sa frugalité, il rendrait des points à Diogène... et on le classe parmi les mendiants!

L'histoire des chiffonniers est un long martyrologe. Si l'on voulait réunir toutes les ordonnances royales ou prévôtales, les ordonnances de police et les ordonnances municipales qui ont été édictées contre les chiffonniers, on pourrait former un énorme volume dans lequel à chaque page on trouverait les anomalies les plus choquantes et l'arbitraire le plus absolu. Toutes les autorités semblent s'être liguées contre ce pauvre diable si peu importun et si utile. Moins il demande, plus on le poursuit, et, à une époque où chaque corporation réclame et obtient des privilèges, le chiffonnier se voit contester le droit, bien modeste cependant, de ramasser dans la boue du ruisseau le détritus, l'objet désormais inutile que le passant y jette et que chacun semble libre de pouvoir recueillir.

On ne veut pas croire, on ne peut pas croire que le chiffonnier arrive à vivre à l'aide d'un métier si misérable et alors on suppose qu'il demande au vol ses moyens d'existence et on le traite en homme suspect, on le considère comme un homme dangereux.

Dès 1698, une longue ordonnance défend aux chiffonniers « de vaguer et aller par les rues et faubourgs avant la pointe du jour ».

En 1701, messire Marc-René de Voyer de Paulmy d'Argenson, conseiller du roi en ses conseils et lieutenant-général de police de la ville, prévôté et vicomté de Paris, s'étonne que « *malgré les défenses qui leur furent réitérées, quelques chiffonniers se permettent de sortir de leur maison à minuit, et de vaguer dans les rues, sous prétexte d'amasser des chiffons, ce qui peut donner lieu à la plus grande partie des vols qui se font tant des auvents que des grilles et enseignes ».*

Et le prévôt continue :

« *A quoi étant nécessaire de pourvoir, nous, après avoir ouï maître Pierre Dumesnil, commissaire au Châtelet de Paris, en son rapport, et les gens du roi en leurs conclusions, ordonnons que les arrêts, statuts et règlements de police seront exécutés selon leur forme et teneur et en conséquence avons fait défense à tous les chiffonniers, chiffonnières et autres de vaguer par les rues, ni d'amasser des chiffons avant la pointe du jour à peine de trois cents livres d'amende et de punitions corporelles. »*

C'est en vain que le chiffonnier réclame, c'est en vain qu'il démontre de la façon la plus claire que sa corporation est celle qui fournit le moins de repris de justice. On refuse de l'écouter, on s'obstine à vouloir le pourchasser, et alors commence entre les chiffonniers et l'administration cette lutte qui n'est pas encore terminée de nos jours, et dans

laquelle jusqu'à présent l'administration n'a certainement
pas eu le dessus.

Aux prescriptions de l'autorité, les chiffonniers ont op-
posé l'inertie la plus complète ; ils ont continué à chiffonner sans se préoccuper des ordonnances de police et lorsqu'on les condamnait à payer 300 livres d'amende, ils
répondaient : « *Fort bien, mais là où il n'y a rien, le roi
perd ses droits ; prenez ma hotte et nous serons quittes* ».

En 1828, M. de Belleyme, préfet de police, veut, lui
aussi, faire son ordonnance sur la matière. Le chiffonnier
avec son crochet, sa hotte et son falot l'effraye. Pensez
donc, un crochet... *peut devenir un instrument de vol et de
meurtre*, la hotte... peut servir à *cacher les objets volés*, et
le falot *sert à reconnaître les lieux.*

Les habitants de Paris, ajoute M. de Belleyme, sont
justement étonnés qu'au mépris des anciens règlements,
ces individus aient usurpé et conservent... *le privilège de
veiller lorsque tous les autres sommeillent! Cette tolérance
extraordinaire compromet la sécurité publique.* M. de Belleyme estime qu'il faut mettre un terme à cet état de
choses et il fait du chiffonnage une profession autorisée. A
l'avenir, dit-il, nul ne pourra plus ramasser des chiffons
dans la rue sans y avoir été autorisé par l'administration.
Tout chiffonnier recevra une médaille en cuivre de forme
ovale, qui contiendra les nom, prénom, sobriquet et signalement, ainsi qu'un numéro d'ordre. Cette médaille sera
portée d'une manière apparente. Le chiffonnier devra en
outre faire placer sur la face extérieure de la hotte en
chiffres percés à jour de 54 *millimètres de hauteur* son numéro d'ordre. Ce chiffre sera reproduit *en couleur noire* sur

une des vitres de la lanterne. Et cette lanterne, à laquelle
M. de Belleyme reprochait de servir à *éclairer les localités*,
devra, par ordre de M. de Belleyme lui-même, être
constamment allumée.

Enfin, en vertu de cette même ordonnance, les chiffonniers sont tenus de s'armer d'un outil de plus, d'un petit
balai ou d'un râteau avec lequel *ils auront soin de relever et
remettre en tas les ordures qu'ils auront éparpillées avec leur
crochet.*

Les chiffonniers commencent par se conformer à l'ordonnance de M. de Belleyme ; ils demandent et obtiennent
la médaille de forme ovale sur laquelle les sobriquets les
plus impossibles sont gravés ; ils placent sur la face extérieure de la hotte le chiffre réglementaire, percé à jour et
de 54 millimètres de hauteur, ils peignent ce même chiffre
sur leur lanterne. En un mot ils font tout ce qu'on exige
d'eux. Vont-ils pouvoir travailler librement ? Hélas non, et
l'administration ne tarde pas à s'apercevoir que toutes les
mesures qu'elle a voulu prendre contre cette population
nomade, indépendante, presque sauvage, n'ont abouti à
rien et que les médailles au lieu de servir à embrigader les
chiffonniers, n'ont eu pour résultat que de les affranchir.
En effet, ces médailles (de 1828 à 1873 la préfecture en a
délivré onze mille environ) passaient de mains en mains ;
les mourants les léguaient à leurs enfants ou à leurs voi-
sins, qui n'avaient qu'à prendre le sobriquet du défunt
pour être en règle avec la police.

Un agent rencontre un groupe de chiffonniers.

« Vos médailles ?

— Les voilà, monsieur l'agent.

— Comment vous appelez-vous?

— Moi, je me nomme *Bibi*.

— Et vous?

— *Poil aux pattes.*

— Et vous?

— Moi, on m'a toujours appelé *Sac d'os*.

— Et vous, la vieille femme?

— Je suis Rosalinde Famion, mais dans la cité je suis connue sous le nom de *Gras d'huile*.

— En voilà des noms, tous les mêmes, toujours des sobriquets pour échapper à la police. Voyons si sur vos médailles figurent bien ces sobriquets. »

L'agent examine chaque médaille et constate que les sobriquets indiqués y sont bel et bien gravés en toutes lettres. Cependant il est certain que ces médailles n'appartiennent pas à leurs vrais propriétaires.

« *Poil aux pattes*, cette médaille n'est pas à vous, le signalement ne correspond en rien à votre figure.

— Ma figure? j'ignore comment elle est, je ne l'ai jamais regardée, mais ce que je sais bien, c'est que c'est moi le vrai *Poil aux pattes*. »

Que faire? allez-vous infliger à cet homme une amende? Il ne la payera pas. Le mettrez-vous en prison? Après tout quel crime a-t-il commis? Il a ramassé des chiffons dans la rue sans autorisation.

La préfecture de police, voyant l'impossibilité d'appliquer à la lettre les ordonnances concernant la matière, finit par les laisser tomber en désuétude.

Mais pendant ce temps des industriels, des financiers, frappés des bénéfices qu'on pourrait réaliser en exerçant

sur une grande échelle l'industrie du chiffonnage, pro-
posent à la municipalité de supprimer les chiffonniers et
de concéder le monopole du chiffonnage à une société qui
aurait du même coup l'enlèvement des boues et ordures
ménagères.

Ces industriels ont fait le raisonnement suivant : il
y a à Paris près de 20000 chiffonniers qui, l'un dans l'autre,
gagnent de 2 fr. 50 à 3 francs par jour. Ces trois francs
représentent et rémunèrent quatre choses : la recherche
des détritus utilisables, le triage ou classement de ces
divers résidus, leur transport chez le maître chiffonnier,
enfin la valeur du détritus lui-même. Eh bien, se sont dit
ces industriels, nous pourrions, grâce à un arrêté habi-
lement fait, obtenir gratuitement *trois* de ces choses. Pour
cela il suffirait de rendre le chiffonnage impossible, et
alors tous les détritus qui ont quelque valeur seraient
ramassés par les voitures du concessionnaire de l'enlèvement des boues et immondices de la Ville de Paris. De
cette façon les résidus de ménage qui aujourd'hui font
vivre les chiffonniers se trouveraient centralisés sur divers
points de la capitale, où le concessionnaire de ce service
n'aurait plus qu'à faire opérer le triage.

Les chiffonniers, réduits à la misère par cette nouvelle
manière de procéder, seraient employés à ce travail. On
les payerait peu, et la compagnie réaliserait d'énormes
bénéfices qu'elle partagerait avec la Ville de Paris sous
forme d'une redevance annuelle.

La question fut étudiée à diverses reprises par la préfecture de police et la préfecture de la Seine.

La préfecture de la Seine, qui ne se préoccupe que du

côté financier de l'opération, s'est toujours montrée favorable à la concession de ce monopole. La préfecture de police, au contraire, qui par métier a le devoir d'examiner les conséquences d'une pareille révolution au point de vue de la sécurité publique, a constamment combattu avec la plus grande énergie tout règlement tendant à supprimer les chiffonniers.

En 1861, le préfet de la Seine propose de faire enlever les ordures ménagères directement par les voitures du concessionnaire de l'enlèvement des boues et de n'accorder plus aucune autorisation de chiffonnage. Un nommé Drevet, qui s'offrait pour organiser ce monopole, s'engageait à prendre à son service tous les chiffonniers médaillés et à les occuper soit au balayage des rues, soit au triage des ordures.

Le préfet de police combattit vivement ce projet; et M. Mettetal, alors chef de la première division, fit remarquer tous les dangers d'une pareille mesure. « Jamais, dit-il, les chiffonniers, qui avant tout sont des indépendants, des indisciplinés, ne se feront à ce travail de nettoiement qu'on veut leur imposer. Le chiffonnier aime son métier parce qu'il lui assure l'indépendance la plus absolue; il n'en acceptera aucun autre, et interdire le chiffonnage, c'est vouloir transformer en voleurs des gens auxquels la police, après tout, n'a rien à reprocher. »

La proposition fut repoussée, mais leurs auteurs ne furent pas découragés, et ils profitèrent du siège de Paris pour faire adopter le principe de leur projet.

L'heure, en effet, ne pouvait être mieux choisie. Les circonstances particulières dans lesquelles se trouvait la

population parisienne imposaient à l'administration l'obligation de prendre, au point de vue de l'hygiène, les pré-
cautions les plus minutieuses. D'un autre côté, à ce
moment, le chiffonnage n'était guère productif et les
chiffonniers n'avaient qu'à s'enrôler dans la garde nationale pour recevoir trente sous par jour.

Le 11 septembre 1870, un arrêté du gouvernement de
la Défense nationale interdit les dépôts d'ordures ménagères sur la voie publique et enjoint à chaque locataire de
se pourvoir d'un récipient dans lequel tous les résidus de
ménage seront déversés. Cet arrêté ne fut appliqué qu'en
partie. Dans les quartiers pauvres les propriétaires trouvè-
rent que l'obligation d'avoir une grande boîte à ordures
constituait une charge considérable. La boîte coûtait cher;
cette boîte d'ailleurs n'était pas immortelle, elle s'usait
assez vite, souvent même des passants la volaient. Quelquefois il était matériellement impossible de trouver un
coin quelconque dans la cage de l'escalier pour loger,
pendant la journée, ce meuble qui exhalait une odeur peu
agréable. Si le propriétaire réclamait, les petits locataires,
ceux qui n'ont pas de domestiques, protestaient encore
plus vigoureusement. Descendre quatre, cinq ou six étages
à heure fixe, au moment du passage du tombereau municipal, pour aller vider ses ordures ménagères, quelle compli-
cation! quelle fatigue! D'ailleurs est-ce toujours possible?
L'ouvrière qui quitte son domicile au point du jour, longtemps avant l'heure où passera sous ses fenêtres le tombereau officiel, devra-t-elle donc conserver à perpétuité
chez elle ses ordures ménagères? N'est-il pas infiniment
plus simple de déposer ces résidus de ménage au grand air,

c'est-à-dire sur la voie publique, le soir avant de se coucher ou le matin au petit jour ? Au point de vue de l'hygiène le nettoyage de la rue et du ruisseau n'est-il pas plus aisé que le nettoyage de ces milliers de boîtes à ordures qu'on allait installer dans tout Paris?

Les difficultés, les réclamations, les contraventions furent si nombreuses, que cette fois encore l'arrêté du gouvernement tomba en désuétude. Seuls les propriétaires d'hôtels particuliers ou de maisons de luxe l'appliquèrent en partie. Dans ces maisons, qui ont et des concierges et des cours spacieuses, on installa une grande caisse destinée à recevoir toutes les ordures ménagères des divers locataires. Ces caisses devaient être vidées le matin sur la voie publique par les soins des concierges qui, trop grands personnages pour s'acquitter d'une pareille besogne, en confièrent l'exécution à des chiffonniers de leur choix, auxquels dans la corporation on donna le nom de *placiers*.

Les choses fonctionnaient ainsi tant bien que mal lorsque les industriels dont j'ai déjà parlé renouvelèrent leur tentative pour obtenir le monopole de l'enlèvement des ordures ménagères. La préfecture de la Seine et le Conseil municipal, aux yeux duquel on fait miroiter l'avantage d'une économie considérable à réaliser sur le service de l'enlèvement des boues dans le cas où on accorderait au concessionnaire futur de ce service le monopole de l'enlèvement des ordures ménagères, demandent l'application de l'arrêté du 11 septembre 1870. La préfecture de police, par l'organe de M. Lecour, successeur de M. Mettetal, répond que l'économie que la Ville de Paris espère réaliser en créant le monopole du chiffonnage n'est qu'apparente ; car, si ce monopole est créé, l'armée des chiffonniers qui aujourd'hui suffit à ses besoins par son travail, tombera à la charge de l'Assistance publique ou du budget des prisons le jour où ses membres seront privés du seul travail qu'ils veulent ou peuvent accomplir.

Mais le Conseil municipal insiste, et alors, à la date du 15 août 1872, M. Léon Renault, préfet de police, prend un arrêté par lequel il fixe *ne varietur* le nombre des chiffonniers :

« Tous les chiffonniers, régulièrement possesseurs et
» titulaires d'anciennes médailles, et aussi, le cas échéant,
» les individus qui, bien que ne s'étant pas jusqu'à présent
» conformés aux dispositions de l'ordonnance de 1828, ne
» se livrent pas moins depuis un certain temps et d'une
» manière soutenue au chiffonnage et y trouvent des
» moyens d'existence suffisants, recevront une médaille de
» forme nouvelle, contenant les indications nécessaires
» pour permettre de contrôler l'identité du porteur. »

Un délai de deux mois leur est donné pour remplir cette formalité. A l'expiration de ce délai, dit l'ordonnance, aucune demande de médaille nouvelle ne devra plus être accueillie.

C'était la destruction des chiffonniers, pour l'avenir. Les partisans du monopole de l'enlèvement des ordures venaient de faire un grand pas. Ils voyaient approcher le jour où, le chiffonnier ayant disparu, ils pourraient mettre son industrie en actions sans plus rencontrer aucune opposition.

L'arrêté de M. Léon Renault fut appliqué à la lettre. Le

délai de deux mois accordé aux chiffonniers pour régu-
lariser leur situation fut prorogé de quelques semaines, et
à partir du 10 novembre 1872 la préfecture de police refusa
impitoyablement toutes les demandes qui lui furent présentées. Des vieillards, des hommes à moitié aveugles, de

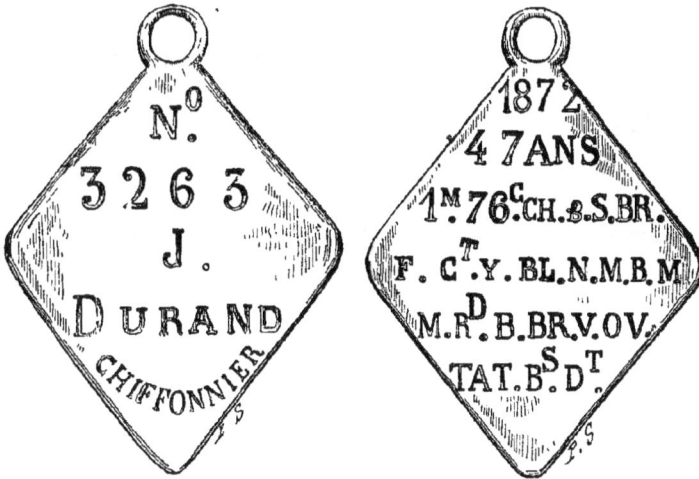

Médaille de chiffonnier. —Age du chiffonnier, 47 ans ; — taille, 1ᵐ,76 ; — cheveux
bruns ; — sourcils bruns ; — front couvert ; — yeux bleus ; — bouche moyenne ;
— menton rond ; — barbe brune ; — visage ovale ; — tatouage au bras droit.

malheureux estropiés venaient à la préfecture et disaient
aux employés chargés de ce service : « Vous voyez mon
état ; on ne veut de moi dans aucun chantier ; cependant
je puis encore gagner mon pain en chiffonnant. Je ne vous
demande ni argent, ni secours d'aucune nature ; je ne
sollicite que la faveur de pouvoir continuer à ramasser des
os et des chiffons dans la rue. Si vous me refusez, je me
ferai arrêter et j'irai en prison ; car il faut bien que je
vive. » Et les employés de la préfecture étaient obligés de

refuser cette autorisation; et les chiffonniers, mis dans l'impossibilité de vivre, se faisaient arrêter comme vaga-bonds afin de recevoir une assiette de soupe et d'avoir un gîte pour la nuit.

Mais petit à petit le nombre des chiffonniers, qu'on avait cru pouvoir réduire par l'arrêté de 1872, reprit ses pro-portions primitives. Le père de famille titulaire d'une médaille commença par se faire accompagner, dans son travail, par sa femme et ses enfants ou par son voisin et sa voisine, et l'administration constata une fois de plus qu'en face de cette classe de la société elle était complètement désarmée. L'arrêté de 1872 alla rejoindre dans les cartons de la préfecture les ordonnances royales et prévôtales qui avaient précédé.

Les chiffonniers pensaient avoir enfin gain de cause lorsque M. Poubelle, préfet de la Seine, se dit que, puisqu'on ne pouvait arracher le chiffonnier au tas d'or-dures, il fallait arracher le tas d'ordures au chiffonnier. Le 7 mars 1884 parut l'arrêté [1] qui ordonnait à tout pro-priétaire d'immeuble, grand ou petit, riche ou pauvre, d'avoir une boîte à ordures d'une forme particulière dans laquelle tous les locataires videraient leurs résidus de ménage. Cette boîte, dont l'arrêté fixait non seulement la forme, mais encore la quantité de poids et les dimensions, devait être vidée non plus sur la voie publique, mais direc-tement dans les voitures de l'administration.

On sait le bruit que fit cette ordonnance. Cette fois les chiffonniers montrèrent les dents, ils protestèrent, organi-sèrent des meetings, et soutenus par la presse parisienne

---

1. Voir aux annexes le texte de l'arrêté.

Le nouvel appareil pour l'enlèvement des ordures ménagères.

ils réussirent à faire porter la question à la tribune de la
Chambre, où leur cause fut défendue avec beaucoup de
chaleur par M. le duc de La Rochefoucauld-Bisaccia.

L'administration fit une première concession : elle permit aux chiffonniers de fouiller dans les boîtes à ordures
et même d'en verser le contenu sur des toiles ; mais elle
s'aperçut bientôt que le maniement de ces boîtes n'était
pas commode pour ses agents. Il fallut adapter des treuils
aux voitures destinées à l'enlèvement des ordures et augmenter le nombre des hommes chargés de desservir ces
voitures.

En fin de compte l'opération coûtait plus cher, était
moins praticable, encombrait davantage la voie publique
et gênait considérablement dans leur industrie les chiffonniers, qui, au lieu d'avoir toute la nuit pour fouiller attenti-
vement chaque tas d'ordures et en tirer tout ce qui a une
valeur quelconque, étaient condamnés à courir devant le
tombereau officiel et à chercher à la hâte, dans chaque
boîte, les objets les plus apparents.

Aujourd'hui l'arrêté du 7 mars 1884 est toujours en
vigueur ; les voitures à treuil circulent dans les rues, les
récipients officiels ont été achetés, mais ces récipients ne
sont pas toujours renouvelés le jour où ils sont hors de service, et il est permis de penser qu'avant peu les chiffonniers
auront reconquis le droit d'exercer librement leur industrie,
qui est une industrie considérable et par le nombre
d'hommes qu'elle emploie et par le chiffre des affaires
qu'elle opère.

C'est cette industrie que nous allons examiner ensemble
dans tous ses détails. Nous étudierons d'abord l'homme,

le chiffonnier ; puis, jetant un coup d'œil de maître jusqu'au fond de sa hotte, nous examinerons la matière et ses
différentes transformations.

CHAPITRE II

CHAPITRE II

HIÉRARCHIE CHEZ LES CHIFFONNIERS ; LE COUREUR OU PIQUEUR
LE PLACIER, LE CHINEUR, LE MAITRE-CHIFFONNIER

Le chiffonnier ! quel est le Parisien qui n'a pas rencontré le soir dans la rue ce singulier personnage ? La hotte sur le dos, la lanterne dans la main gauche et le crochet dans la main droite, il arpente à grands pas les rues de la capitale. Pour lui, le scintillement des bijoux qui resplendissent à la vitrine des joailliers, les toilettes élégantes des femmes qui se pressent aux portes des théâtres, les équipages aux chevaux fringants qui passent, la musique du café concert qui fait vibrer l'air de ses éclats, tout cela ne peut ni fixer ses yeux, ni frapper ses oreilles, ni ralentir sa course.

Le chiffonnier marche sans s'arrêter, sans se retourner, sans se fatiguer ; il marche droit vers un but qu'il aperçoit de loin, qu'il ne quitte pas des yeux, et ce but, c'est ce tas d'ordures qui est là dans la rue et sur lequel toutes les cuisinières à tour de rôle viennent vider le contenu de leur boîte ménagère.

Le chiffonnier s'approche de cette petite montagne : d'un coup de pied dont il a le secret il étale le tas d'ordures, puis avec son crochet il pique divers objets, qu'il fait disparaître dans sa hotte. Que pique-t-il ainsi, et à quoi ces résidus peuvent-ils bien servir? Comment cet homme parvient-il à vivre avec un métier si misérable? Pourquoi cet être jeune, grand et fort, arrivé à l'âge l'où on choisit sa carrière, s'est-il dit : « Moi, je ne serai ni épicier, ni cordonnier, ni cocher, je me ferai chiffonnier? »

Voilà des questions que nous nous sommes tous posées. Eh bien! ces questions, j'ai voulu les résoudre. Je me suis décidé à élucider le problème et pour cela il n'y avait qu'un moyen à suivre, c'était de me faire chiffonnier. La tâche n'était pas facile. Les économistes nous disent toujours que Turgot a supprimé les corporations; apparemment il a oublié celle des chiffonniers, car les chiffonniers constituent encore de nos jours une véritable corporation et une corporation fermée. N'entre pas qui veut dans ce monde-là. Pour m'y faire admettre, il m'a fallu trois choses : d'abord des protections, puis de la diplomatie, enfin du courage, un courage d'un ordre spécial et qui consiste à savoir surmonter tous les dégoûts. Un soir, autour d'un riche tas, j'ai capté la confiance d'un Nestor de la chose, j'ai soigné de mon mieux cette connaissance, je me suis fait présenter dans son entourage, et enfin, après quelques tentatives plus ou moins heureuses, je me suis lancé bravement dans ce nouveau monde et bientôt *veni, vici, vidi*..., j'ai pénétré, j'ai vaincu toute répugnance et j'ai vu! j'ai vu quoi? Oh! les choses les plus étranges, les plus incroyables, les plus intéressantes; j'ai parcouru la nuit les rues de Paris avec de vrais chiffonniers, fouillant avec **eux** les tas d'ordures.

Chiffonnier piqueur.

puis une fois la hotte pleine, je suis rentré dans la cité des chiffonniers, j'ai assisté au tricage, c'est-à-dire au classement de tout ce que contenait la hotte ; j'ai vu préparer le

4

repas du chiffonnier; j'ai vu comment cet être particulier mange, boit et dort; j'ai vu comment il s'amuse, je me suis fait présenter à son club, qui, ici s'appelle bouge, j'ai assisté à ses représentations théâtrales; enfin, désirant compléter mon étude jusqu'au bout, après avoir examiné l'homme, j'ai examiné le contenu de la hotte et, prenant un à un tous ces déchets, tous ces détritus que le chiffonnier dans sa course nocturne a soigneusement empilés dans sa hotte, j'ai suivi ces détritus, ces déchets, ces chiffons jusqu'à l'usine où ils se transforment pour rentrer de nouveau dans la circulation.

C'est ce petit voyage que nous allons entreprendre ensemble.

Avant de nous mettre en route, il nous faut choisir un guide, un guide sûr et fidèle qui, connaisse à fond le pays que nous allons explorer et qui puisse nous en montrer toutes les curiosités. Ce guide naturellement devra être un chiffonnier, mais quel chiffonnier? Ce serait une grande erreur de croire que tous les chiffonniers travaillent de la même façon et gagnent à peu près le même salaire. Dans ce monde spécial comme dans toute société organisée il y a une hiérarchie, il y a diverses couches, différentes classes; il y a le peuple. la bourgeoisie et l'aristocratie.

Ici le peuple, c'est-à-dire la catégorie la plus nombreuse et la plus misérable, est représenté par ce qu'on appelle le *piqueur* ou *coureur;* la bourgeoisie est représentée par le *placier,* enfin le *chineur* est le type de l'aristocrate, aristocrate de naissance ou aristocrate *parvenu.* Au-dessus de ces trois classes se trouve la haute finance qui les exploite toutes les trois, fait la pluie et le beau temps, règle les cours du marché, spécule en grand, se ruine quelquefois,

Chiffonnier piqueur.

mais quelquefois aussi réalise des fortunes considérables.
Cette haute finance est représentée par le maître chiffonnier.

Le *coureur* ou *piqueur* marche à pied ; il court, ainsi que son nom l'indique, et il pique avec son crochet tout ce qu'il trouve de bon, c'est-à-dire de vendable, dans les tas d'ordures. Sur son dos il porte une hotte énorme, qui dans l'argot du métier s'appelle *le cachemire d'osier*. Quand la hotte sera pleine, la journée sera terminée et certain d'avoir à manger pendant douze heures, le chiffonnier rentrera tranquillement chez lui. Le coureur chiffonne dans tous les quartiers de Paris. Il n'a pas, comme on le pense généralement, une rue qu'il ait faite sienne et dans laquelle ses camarades ne peuvent pénétrer. Non, toutes les rues lui appartiennent comme elles appartiennent à ses collègues ; mais semblable au chasseur qui connaît ou devine les habitudes du gibier, il ne marche pas au hasard, il réfléchit avant de se lancer sur une piste, et, s'il se dirige à droite plutôt qu'à gauche, c'est parce qu'il présume qu'en allant à droite il aura plus de chances de remplir sa hotte qu'en se dirigeant vers la gauche.

Le *placier* lui ne court pas, il possède une *place*. C'est lui qui dans les maisons où il y a une boîte à ordures fait le service du nettoyage au lieu et place du concierge dont il a su gagner la confiance. Le matin au petit jour il entre dans la maison, il monte aux divers étages, prend la boîte à ordures de chaque ménage, la descend dans la cour, la vide, la racle, la nettoie et la remet en place. En récompense de ce travail le concierge lui concède le monopole du service de propreté de la maison, c'est-à-dire qu'à lui seul il accorde le droit de fouiller ces ordures avant de déposer les récipients dans la rue. Mais le chiffonnier ne s'en tient pas là, et, après avoir tiré du concierge tout ce que celui-ci pou-

Chiffonnier placier.

vait lui concéder, il s'adresse aux cuisinières auxquelles il
rend mille petits services. Pour elles il est plein de préve-
nances et d'attentions ; s'agit-il d'aller chercher un seau
d'eau dans la cour ou de secouer un tapis dans la rue, le
chiffonnier est là, il offre ses services ; au besoin même il
se transforme en facteur, et, si la bonne du troisième a une
lettre à faire parvenir à son cousin le cocher du rez-de-
chaussée, elle est certaine que le chiffonnier s'acquittera
de la commission avec célérité, tact et discrétion. Et en
échange que demande-t-il ? Oh ! pas grand'chose ; il demande qu'on lui réserve les bouts de pain et les restes des
tables. Les cuisinières n'y manquent jamais et à côté de la
boîte à ordures il y a toujours le petit paquet contenant les
croûtes pour le chiffonnier.

Tous ces petits avantages réunis finissent par faire de la
place une charge importante beaucoup plus lucrative
qu'on ne le pense généralement. Ces places se vendent
comme des études de notaire ou d'avoué, c'est-à-dire
que, lorsqu'un chiffonnier est trop vieux pour continuer
son travail, il présente un successeur au concierge et, si
ce successeur est agréé, le nouveau titulaire paye une
redevance à son prédécesseur.

Il y a des places qui comprennent sept ou huit maisons
à cinq et six étages chacune et qui rapportent jusqu'à 15 et
20 francs par jour au chiffonnier qui en est titulaire. Aussi
le placier ne se contente-t-il pas d'une hotte pour emporter
son butin, il a une voiture à bras à laquelle souvent il
attelle sa femme et ses enfants.

Le placier est un heureux. Avec quelques heures d'un
travail qui n'a rien de bien pénible il peut gagner facile-

ment en moyenne 10 à 12 francs par jour, mais par contre
— et c'est là ce que lui reprochent ses collègues les piqueurs — il n'est point libre. Qu'il pleuve, qu'il vente ou
qu'il neige, il faut, sous peine de perdre sa place, qu'il
fasse son service ; il faut *qu'il soit constamment aux ordres
de messieurs les concierges et de mesdames les cuisinières*. A
ce métier, on n'est plus chiffonnier. Et puis on fait toujours la même chose, on n'a plus aucun mérite, « il n'y a
aucun talent à être placier ». Il en est tout autrement
quand, au lieu de se prélasser dans les grandeurs, on se
contente d'être un simple coureur. Le coureur, à la bonne
heure, lui, est un vrai chiffonnier, il a le plaisir de lutter
contre les difficultés, il s'ingénie pour gagner son pain,
pour deviner, trouver et exploiter les bonnes rues et les
bons endroits. Et puis le coureur, lui, il est libre, il ne dé-
pend de personne, il est son maître et il peut conserver
« sa casquette vissée sur sa tête », tandis que le « placier
attrape des rhumes de cerveau à force de saluer les concierges et les cuisinières ».

Au-dessus du placier se trouve le *chineur*. Celui-ci ne
pique pas dans la rue et ne cherche pas son pain dans les
boîtes à ordures ; le chineur ne ramasse pas, il achète ;
c'est un commerçant. C'est lui qui fait retentir l'air du cri
bien connu : « *Avez-vous des bouteilles cassées* », ou encore :
« *Vieux chiffons, vieille ferraille à vendre* ».

Votre cave est encombrée de bouteilles cassées, le chineur
passe, vous le priez de vous en débarrasser ; le verre de
bouteille ne se vend pas, il se donne, mais si vous avez de
la vieille ferraille, ou du verre blanc, ou des os, ou des
chiffons, ou des peaux de lapin, le chineur vous les achè-

Chiffonnier chineur.

tera ; il est bien entendu que, si vous lui donnez toutes ces
richesses il ne les refusera pas.

A côté des coureurs, des placiers et des chineurs il con-
vient de mentionner les *spécialistes* dont le nombre va sans
cesse diminuant. Ce sont les ramasseurs de bouts de
cigares, les repêcheurs de chiens et chats noyés, les écu-
meurs d'égout, etc. Nous leur consacrerons un chapitre
spécial.

Les coureurs, placiers et chineurs ne tirent pas eux-
mêmes parti des déchets qu'ils se sont ainsi procurés par
des moyens différents. Ce ne sont que des récolteurs ; ils
portent leur marchandise au maître chiffonnier, qui, lui,
représente la finance de ce monde de noctambules.

De même qu'il y a banquier et banquier, il y a maître
chiffonnier et maître chiffonnier. Le petit maître chiffonnier achète tout ce que lui apportent les coureurs, placiers
ou chineurs ; il achète au poids et paye comptant. Ces marchandises ont un cours qui est connu de tous les intéressés,
de sorte qu'il n'y a jamais de discussion, et cependant ces
cours sont établis de telle façon que l'acheteur gagne cent
pour cent sur le contenu de chaque hotte. Le petit maître
chiffonnier revend toutes les semaines sa marchandise à
des gros maîtres chiffonniers qui ont leur spécialité et ne
font que certains produits. Celui-ci, par exemple, ne tient
que le chiffon ; celui-là n'achète que l'os ; cet autre le verre
ou la boîte à sardines.

Le gros maître chiffonnier, qui a centralisé les produits,
en remplit des wagons entiers, qu'il expédie aux usines
dans lesquelles ces matières seront transformées.

Le guide que nous choisirons pour notre voyage nocturne

ne saurait être un gros maître chiffonnier. Un personnage
de cette importance ne consentirait jamais à nous consacrer sa soirée. Son temps lui est trop précieux : il doit se
rendre au conseil municipal de Clichy ou de Levallois dont
il fait partie et s'il n'y a pas séance du conseil, eh bien, il
en profitera pour aller au théâtre. Les théâtres vous sem-
bleront peut-être bien éloignés de Clichy, de Puteaux, de
l'île des Singes ou de la barrière des deux Moulins, mais
notre gros maître chiffonnier possède un excellent coupé
attelé de chevaux vigoureux, qui auront bien vite franchi
cette distance.

Allons-nous nous adresser à un petit maître chiffonnier?
Celui-ci n'a ni coupé, ni chevaux, mais il est très occupé
avec son commerce, qui exige sa présence constante au milieu de ses chiffons.

Nous pourrions bien demander ce service à un chineur,
il ne nous le refuserait certes pas, mais le chineur ne travaille que dans la journée et nous n'apprendrions pas
grand'chose à suivre sa voiture à bras à travers les rues
de la capitale.

Nous n'avons donc qu'à choisir entre un placier et un
coureur; si vous voulez en croire ma petite expérience c'est
en compagnie d'un coureur que, la hotte sur le dos, nous
allons entreprendre notre expédition. C'est entendu, met-
tons-nous en route.

CHAPITRE III

CHAPITRE III

Il est neuf heures du soir ; nous partons des boulevards extérieurs et nous nous dirigeons vers le centre de Paris pour revenir à notre point de départ vers minuit ou une heure du matin, quand notre besogne sera accomplie.

Notre compagnon de voyage porte sur son dos la hotte, *le cachemire d'osier*. Cette hotte coûte de 5 à 6 francs *quand elle est neuve ;* il a une lanterne qui vaut 2 francs, mais qu'on se procure d'occasion pour 18 sous ; enfin il possède un crochet qu'il fabrique lui-même et qui, en tout cas, ne vaut pas plus de 2 sous.

Tout le matériel du coureur, tout son capital-outil représente donc environ la somme de 6 francs. Moyennant 6 francs un homme peut parfaitement s'outiller pour chiffonner. Notre coureur, comme tout bon coureur, ne possède pas un centime dans sa poche ; bien entendu chez lui, à son domicile où nous rentrerons cette nuit, il n'y a pas un

liard. Il s'agit donc pour lui de pouvoir, pendant les trois
ou quatre heures qu'il emploiera à chiffonner, gagner sa
nourriture, son loyer et son vêtement. Ce besoin de gagner
sa vie le rend attentif à son travail. Si l'ouvrier flâne souvent pendant sa besogne, le chiffonnier, lui, ne flâne pas et
il parcourt ses 20 kilomètres sans se distraire une seconde
de son travail. Il y va de sa vie. Tous les tas d'ordures sont
jetés sur la voie publique à la même heure, et à la même
heure aussi l'armée des chiffonniers se met en marche.
Flâner en route, c'est s'exposer à arriver en retard, et arriver en retard, c'est ne plus rien trouver.

Nous entrons dans une grande rue bien peuplée. Personne n'a encore passé par ici; cela se devine; pour vous
en convaincre vous n'avez qu'à jeter un coup d'œil sur tous
ces tas d'ordures.

« Voyez, monsieur, comme ils sont beaux, comme ils
sont pointus, ils ont la forme d'un pain de sucre, c'est la
preuve évidente qu'aucun camarade n'a encore passé par
ici, sinon son coup de pied aurait déjà nivelé toutes ces
petites montagnes... Et puis, c'est *du bon*, *ça*, c'est du riche.

— Et qu'en savez-vous, comment à pareille distance
pouvez-vous voir ce qu'il y a dans ces tas d'ordures?

— Mais je le devine, monsieur. Ne voyez-vous pas qu'il
y a dans la rue trois chiens qui mangent dans trois tas différents? S'il n'y avait pas des os, les chiens ne seraient pas
là. Hâtons le pas. »

En effet mon chiffonnier ne s'était pas trompé et voici
un os splendide qu'un gros chien noir ronge à belles dents.

« Eh! dis donc, toi, là-bas, *Plein de goudron*, veux-tu
bien lâcher cet os? Il ne nous manque plus que ça que les

chiens viennent nous faire concurrence. Ah! monsieur, la
concurrence, quelle triste chose! Nous sommes plus de
vingt-cinq mille sur le pavé de Paris qui avons de la peine
à gagner quelques sous par jour. Ce qu'il y a d'Allemands,
d'Italiens et de Belges qui viennent nous voler notre pain,

La hotte du chiffonnier.

c'est effroyable. En vérité c'est à croire qu'il n'y a plus de
gouvernement en France. L'autre jour j'ai ramassé dans
un tas un vieux journal dans lequel on avait enveloppé un
paquet de cheveux de femmes et un morceau de foie de
veau qui était exquis; j'en ai fait deux repas. Eh bien, sur
ce journal j'ai vu que depuis quinze jours nos députés par-
lent de chemins de fer. Ils ont donc bien du temps à perdre!

Est-ce que les chemins de fer ne roulent pas tout seuls?
Pourquoi donc que les députés ne s'occupent pas de nous
et qu'ils ne font pas une bonne loi pour empêcher une fois
pour toutes les étrangers de venir nous faire concurrence?
Est-ce que moi je m'en vais ramasser les os sous les fenêtres
de Bismarck? Non, je ne mange pas de ce pain-là. Eh bien,
pourquoi que les Allemands viennent ramasser nos os à
nous? »

J'essaye de faire comprendre à mon ami que cette concurrence dont il se plaint est fort légitime et que, si des
étrangers se font chiffonniers à Paris, il y a aussi des étrangers qui fournissent du pain aux chiffonniers.

« Peut-être, lui dis-je, que cet os que vous venez d'arracher à ce pauvre chien que vous appelez Plein de goudron,
a été jeté dans la rue par un étranger qui en a mangé la
viande. »

Mais mon raisonnement ne produit aucun effet; d'ailleurs il n'est pas bon de parler quand on travaille; on
risque de perdre son temps et il y a là-bas au fond de la
rue une lanterne qui apparaît et qui, française ou étrangère,
nous annonce une concurrence quelconque. Nous continuons notre chemin.

Voici du papier, un morceau de carton, un vieux journal; tout cela n'est pas fameux, mais enfin tout cela fait
nombre.

« Tiens on a mis du vin en bouteille par ici, et le valet de
chambre a jeté les vieux bouchons dans la rue. »

Bon à prendre, et les vieux bouchons s'en vont au fond
de la hotte rejoindre les os, le papier et le carton.

« Ah! voici une bonne maison. Voyez-vous, monsieur,

me dit mon chiffonnier, cette maison est excellente : tous
les jours je trouve ici une ou deux livres de mérinos (on
appelle mérinos les déchets d'étoffe de laine, rognures de
flanelle, lisières de drap, etc.). Il doit y avoir un atelier de
couture dans cette maison. Tout ceci, c'est de l'excellente
marchandise, et, si j'en remplissais ma hotte, je pourrais
faire le Rothschild pendant un mois.

« Tenez, voici qui est moins bon (nous sommes à la
porte d'un restaurant). On croirait, n'est-ce pas, qu'ici nous
devrions faire fortune ; eh bien, c'est tout le contraire qui
est la vérité. Ces coquins de cuisiniers de restaurant n'ont
pas de cœur pour le pauvre monde ; ils vendent eux-mêmes
à leur profit tous leurs restes. Pas de danger qu'ils jettent
un os dans la rue ; ils ne nous laissent que ce dont ils ne
peuvent tirer aucun parti. Tenez, monsieur, fouillez avec
moi ce tas d'ordures. Il y en a au moins un tombereau ; eh
bien, rien de bon : quatre méchantes boîtes à sardine,
un trognon de choux, une paire de jarretières, quelques
verres cassés et des croûtes de pain.

— Mais les croûtes de pain ont trempé dans le ruisseau.

— Oh ! monsieur, cela ne fait rien.

— Comment, cela ne fait rien ; mais à quoi ces croûtes
de pain peuvent-elles bien servir ?

— Voici, monsieur. Quand elles sont propres, nous les
mangeons, et, quand elles sont trop sales, nous les faisons
manger aux bourgeois. Vous verrez cela quand vous vien-
drez dans la cité. Nous ne laissons rien perdre.

— Qu'est-ce donc ce que vous venez de prendre si rapidement et que vous avez mis dans votre poche ?

— C'est une mèche de cheveux de femme.

— Ça, une mèche de cheveux. Mais c'est à peine s'il y a cinq ou six cheveux enroulés ensemble !

— Oui, monsieur, il n'y en a guère plus ; mais six et six font douze et douze et douze font vingt-quatre. Dans chaque tas d'ordures il doit y avoir dix ou douze mèches semblables. Vous savez bien comment font les femmes du grand monde. Elles se coiffent tous les jours ; à ce métier-là il n'y a pas de chevelure qui puisse résister ; eh bien, chaque fois elles tirent de leur peigne cinq ou six cheveux ; elles les enroulent et les jettent dans la boîte à ordures ; or chaque tas d'ordures représentant les déchets de dix à vingt ménages, vous voyez qu'en cherchant bien on doit y trouver pas mal de ces mèches de cheveux. Le diable, c'est qu'il faut avoir de bons yeux pour les trouver. Moi je ne les mets pas dans ma hotte parce que je risquerais de les perdre ; je les place dans ma poche avec mon tabac à mâcher, que je ramasse également dans la rue...

— Qu'est-ce que vous piquez là ?

— Une vieille savate, monsieur.

— Est-ce bon à quelque chose ?

— Je le crois bien, allez chez un *cambrurier* et vous verrez que l'on tire parti de la savate la plus éculée.

— Et ça, que vous mettez dans votre poche avec vos cheveux de femme et votre tabac ?

— Vous ne l'avez pas vu ? C'est une tête de poulet, avec laquelle je ferai mon pot-au-feu. Ces nigauds de bourgeois, ils jettent toujours les têtes de poulet. C'est pourtant ce qu'il y a de meilleur... Tiens, un vieux parapluie, un corset de femme, une épaulette de soldat, un bouton doré, un tuyau de caoutchouc, un morceau de cuvette à filet d'or.

Faut-il que les bourgeois soient riches pour jeter ainsi
leur bien par la fenêtre...! »

Nous continuons à marcher pendant de longs quarts
d'heure, piquant de droite et de gauche les détritus les plus
divers que mon compagnon aperçoit toujours le premier,
quelque soin que je prenne à accomplir consciencieuse-
ment mon office. Tout à coup nous entendons sonner onze
heures; c'est la cloche de l'hôpital Beaujon.

« Si nous allions faire un tour de ce côté? Vous savez,
devant la porte des hôpitaux, il faut ouvrir l'œil. En cherchant bien on trouve souvent de quoi payer sa course : de
vieux bandages, des éponges qui ont servi à laver les plaies,
de la ouate avec laquelle on a frictionné les rhumatisants,
des fioles de toute nature, et surtout des bouchons de pharmacien et des capsules de bouteilles d'eau minérale, c'est
de l'excellente marchandise qui se vend fort bien... Tenez,
je ne m'étais pas trompé, voici un capuchon de siphon
d'eau de Seltz, ça vaut un sou; et ce paquet de papier à chocolat, c'est de l'étain, ça se vend avec les capsules de bouteilles d'eau minérale... Allons, nous n'avons pas perdu
notre temps aujourd'hui. J'en ai bien pour cinquante sous
dans ma hotte. Si la femme et les enfants en ont fait autant,
nous pourrons boire un bon coup ce soir.

— Et manger un bon morceau?

— Oh! manger, ça ne m'inquiète guère. Je trouve toujours de quoi manger dans ma hotte; mais malheureusement je n'y trouve jamais à boire, et vous savez, dans notre
métier on a besoin de se gratter souvent le gosier... Eh
bien, monsieur, nous allons rentrer en passant par les
grands boulevards, si vous voulez bien. Hier ont eu lieu les

· élections pour le Conseil municipal, les murailles sont couvertes d'affiches, on en a placardé partout, sur les arbres, sur les murs, sur les becs de gaz et jusque sur les marches de l'Opéra. Le scrutin est fermé, et dès lors nous pouvons arracher les affiches sans que les sergents de ville aient rien à nous dire. Moi, vous savez, je vote toujours pour le candidat radical-socialiste-irréconciliable, parce que j'aime qu'on fasse un peu de misère au gouvernement, qui, lui, fait des misères au pauvre monde. Mais, quand il s'agit de ramasser des affiches, je ne regarde pas à la couleur ou, si j'y regarde, c'est pour choisir les blanches de préférence aux rouges, car moins les affiches sont foncées, et mieux elles se vendent. »

Nous passons donc par les boulevards et nous dépouillons quelques arbres des affiches électorales dont on les a si malencontreusement couverts, et le programme radical-intransigeant et socialiste qui promet la diminution de tous les impôts, l'égalité absolue et le bonheur obligatoire, s'en va au fond de la hotte rejoindre le programme conservateur demandant l'affermissement des bases fondamentales de la société, qui, paraît-il, sont ébranlées.

Il est temps de rentrer à la maison. Minuit ont sonné et d'ici aux boulevards extérieurs nous avons encore 5 ou 6 kilomètres à parcourir. Vers deux heures du matin, nous arrivons à la maison de mon chiffonnier; il est trop tard pour que je puisse examiner son intérieur; il se couche et moi je rentre à mon domicile, sauf à revenir chez mon compagnon de voyage vers sept heures du matin.

CHAPITRE IV

CHAPITRE IV

MŒURS DES CHIFFONNIERS. — LES CITÉS DE CHIFFONNIERS. — LA CITÉ DE LA FEMME EN CULOTTE. — LE TRICAGE. — UN CABARET DE CHIFFONNIERS.

Le lendemain matin, à sept heures, j'arrive chez mon ami ; il est levé et je puis tout à mon aise étudier son installation. Les chiffonniers habitent en général des cités ; les inconvénients multiples de leur profession les ont fait, petit à petit, expulser du centre de la capitale. Ils sont réduits aujourd'hui à se loger dans les terrains vagues qui avoisinent l'enceinte fortifiée de Paris. Les uns se sont emparés de quelques mètres d'un terrain qui appartient à l'État et y ont construit une espèce de hutte dont ne se contenterait pas un sauvage de la Nouvelle-Calédonie ; les autres habitent dans des cités.

Mon chiffonnier, si vous le voulez bien, habite dans une cité ; laquelle ? Ici nous n'avons que l'embarrras du choix, car malgré les embellissements dont la ville de Paris a été l'objet depuis plusieurs années, malgré les démolitions qui ont été faites, malgré les efforts de la commis-

7

sion des logements insalubres, Paris comprend encore une douzaine de cités de chiffonniers, qui, vues à vol d'oiseau, ressemblent à d'immenses cages à lapins et qui abritent cependant de nombreuseses familles d'êtres humains.

Les cités les plus importantes sont : la cité de la Femme en culotte ou cité Foucault, la cité Germain, la cité Dorée, la cité Maupy, la cité Jeanne-d'Arc, le petit Mazas, le passage Trouillet ou du Soleil, l'île des Singes.

Les noms diffèrent mais toutes ces cités se ressemblent. Prenons par exemple celle de la *Femme en culotte*. Le nom est assez bizarre, mais il s'explique aisément, quand on sait que la personne qui a fait construire cette cité, M\[lle\] Foucault, avait l'habitude de s'habiller en homme.

L'histoire de M\[lle\] Foucault est un véritable roman. Cousine d'un maréchal de France du premier Empire et fille d'un industriel subitement ruiné dans une crise financière, M\[lle\] Foucault arrive à Paris vers 1830 ; elle perd bientôt ses parents et reste seule sans ressources. Mais elle est jolie, elle a reçu une certaine instruction, et grâce à quelques amis, elle réussit à se faire présenter à Alexandre Dumas père, qui veut bien la prendre sous son patronage. Le grand romancier lui procure quelques leçons, mais le métier d'institutrice est bien dur, et ce n'est qu'à grand'peine que M\[lle\] Foucault gagne le pain quotidien. Heureusement qu'elle n'est pas *fille à préjugés ;* elle cherche donc a faire autre chose et essaye de tous les métiers. Elle entre au théâtre des Batignolles, n'y réussit pas et alors, sans hésiter, elle se fait cocher au service d'une comtesse d'occasion qui fit beaucoup parler d'elle en son temps. Un beau jour, elle entre dans une imprimerie, comme

La Cité Germain.

ouvrière compositrice et reçoit cinquante sous par jour. Dans son atelier il n'y a que des femmes qui toutes ont le même salaire, mais dans l'atelier d'à côté il y a des hommes payés quatre francs par jour.

Pourquoi les hommes sont-ils mieux rétribués que les femmes? Sans doute parce qu'ils font plus de besogne. Mlle Foucault s'informe et apprend que les hommes font peut-être moins de travail que les femmes et qu'en tout cas leur besogne est moins soignée. Cette découverte l'indigne et, dès le lendemain, elle demande à son patron à entrer dans l'atelier des hommes. Le patron refuse : la discipline et le bon ordre exigent que les hommes et les femmes soient séparés. Mlle Foucault, qui est une excellente ouvrière, et qui a conscience de sa valeur, se fait régler son compte et quitte l'atelier. Le lendemain, un jeune homme, proprement vêtu, les cheveux coupés ras et la cigarette à la bouche, se présente chez le prote et demande à être embauché. C'était, on le devine, Mlle Foucault. Le prote, devenu aujourd'hui un des plus grands imprimeurs de Paris, était un homme de cœur et d'esprit; il feint de ne pas reconnaître son ancienne ouvrière, l'embauche, et Mlle Foucault reste pendant dix ans dans l'imprimerie à la grande satisfaction de ses chefs. Pendant ces dix ans, l'ouvrier Foucault, qui le soir seulement redevenait Mlle Foucault, s'impose mille privations et réalise de petites économies.

Un jour qu'elle se promenait dans les terrains vagues de Clichy elle rencontre un ouvrier maçon en train de bâtir de petites huttes.

« Que construisez-vous là, mon brave homme?

— Je bâtis une maison pour des chiffonniers.

— Ça, une maison?

— Oui, une maison, et une maison qui me rapporte plus que les immeubles du boulevard ne rapportent à leur propriétaire. Voyez, chaque hutte me coûte environ cent francs; je la loue vingt sous par semaine; si vous savez compter, calculez, vous verrez que cela fait du 50 pour 100.

— Mais est-ce que les chiffonniers ont de l'argent pour vous payer?

— Je le crois bien, ce sont les plus exacts des locataires... quand on ne leur fait pas crédit. »

Mlle Foucault n'hésite pas, voilà le placement de ses économies tout trouvé. Elle achète un terrain, y fait construire une cinquantaine de petites huttes et, après avoir quitté l'imprimerie, vient bravement se fixer dans cet immeuble qui est bientôt rempli de chiffonniers. La *femme en culotte* dirige elle-même la cité, elle perçoit ses loyers, augmente ses économies, double le nombre de ses cellules, et enfin quitte ce monde en léguant son immeuble à la ville de Clichy qui avait été témoin de sa misère et de sa fortune.

Aujourd'hui la cité de la Femme en culotte subsiste encore. Elle représente, comme construction, une valeur de 10 à 15000 francs, et rapporte 12000 francs par an. Elle est surtout habitée par des chiffonniers; cependant on y trouve quelques individus exerçant les industries les plus impossibles, musiciens ambulants, avaleurs de sabres, danseurs d'œufs, mâcheurs de fer, diseurs de bonne aventure, tondeurs de chiens, coupeurs de poil, bohèmes vagabonds de tout sexe, de tout âge, de toute nationalité, vivant pêle-mêle au milieu de la saleté la plus immonde.

Figurez-vous un long rectangle ou plutôt une longue ruelle bordée à droite et à gauche d'un bâtiment à deux étages contenant une trentaine de chambres à chaque étage. Quelques chambres n'ont pas de fenêtres. Elles n'ont qu'une porte qui sert à la fois de porte et de fenêtre. La pièce est un peu plus grande qu'une cellule de prisonnier. Elle n'est ni parquetée, ni carrelée, ni pavée. Le mobilier varie suivant la *fortune* des locataires. Presque tous possèdent un poêle fait à l'aide de morceaux de fonte et de briques qu'ils trouvent assez facilement dans les décharges publiques; les plus riches ont un lit, une table et une chaise ou plutôt quelque chose qui ressemble à un lit, à une table et à une chaise. Ceux dont les ressources sont plus modestes ne possèdent que le lit. Beaucoup n'ont absolument rien. Dans un coin de la chambre il y a un peu de paille ramassée dans la rue, un jour de déménagement et c'est sur cette paille que le chiffonnier couche avec sa femme, ses enfants, son chien..... et ses ordures.

En effet, le chiffonnier se couche dès qu'il rentre de son travail, c'est-à-dire vers une heure du matin; il a beaucoup marché, il est fatigué, il dépose sa hotte remplie d'ordures dans un coin de sa chambre et s'endort à côté.

Cette chambre si petite, si sale, si primitive, se paye 1 fr. 50, 2 francs, et quelquefois 2 fr. 50 par semaine!

A l'heure où j'arrive dans la cité, tous les chiffonniers sont levés et font le *tricage*. Cette opération consiste à classer les divers produits de la hotte; on met d'un côté le

chiffon et de l'autre le papier; on sépare le verre blanc
du verre à bouteille, les os de la fonte; les boîtes à sardines des vieilles savates. Ce travail est considérable et exige
plusieurs heures, car le classement est poussé très loin.
Ainsi, par exemple, les os font l'objet de trois divisions; il
y a l'os de travail, l'os à brûler et enfin la graisse qui est
encore attachée à l'os et que le chiffonnier en retire soigneusement pour la vendre à part. Les chiffons sont également classés en plusieurs catégories : le chiffon de laine, le
chiffon de soie, le chiffon de toile et le chiffon de coton.
Chacune de ces catégories en contient deux : le propre et
le sale.

Il en est de même du papier; il faut séparer le papier
propre du papier sale, le papier bulle du papier blanc, le
papier à affiches du papier à bougie et à chocolat. Chaque
espèce a son affectation spéciale.

Pendant qu'il accomplit ce triage; le chiffonnier en fait
un autre tout spécial et qui consiste à mettre de côté tout
ce qui peut être consommé par lui. Le trognon de choux
ramassé pendant la nuit dans un tas d'ordures est légèrement rafraîchi; la tête de poulet est un peu plus soigneusement raclée et lavée; joignez à cela quelques croûtes de
pain choisies parmi les plus propres, faites bouillir le
tout et vous aurez un pot au feu dont notre ami se réga-
lera. Le coureur, on le voit, est peu difficile; il est habitué
à tirer son dîner du fond de sa hotte; quant au placier,
lui, c'est un heureux; il n'a pas besoin de se préoccuper de
la question de savoir comment il dînera. Les cuisinières de
la maison qui composent *sa place* se chargent de pourvoir
à tous ses repas. Rien de plus curieux que le déballage de

Le *triage* dans la cité de *La femme en culotte*.

ce panier spécial dans lequel le placier a entassé tout ce
qu'il doit à la générosité ou au vol des cuisinières. Voici un
morceau de poisson enroulé dans un bout de papier, voilà
une côtelette à moitié mangée accompagnée d'un morceau
de pot au feu et d'une croûte de vol-au-vent. Voici quelque
chose qu'on a enveloppé dans un vieux mouchoir. C'est un
reste de gâteau au riz; le mouchoir s'est déchiré et un os
de poulet a fait son apparition au milieu du gâteau. Un
œuf à la coque que Monsieur n'a pas trouvé assez frais, a
été bouché à l'aide d'un morceau de pain par la cuisinière
compatissante, qui l'a soigneusement mis de côté pour le
chiffonnier. Mais une fois, dans le panier, l'équilibre s'est
rompu; le bouchon de pain est parti et l'œuf s'est répandu
sur un vieux journal qui contenait du marc de café. C'est
un petit malheur. « Voyez-vous, me disait un jour un
chiffonnier, entre le bourgeois et nous, il n'y a qu'une
différence, c'est que les bourgeois mélangent leurs aliments dans l'estomac, tandis que nous, nous faisons ce
mélange avant d'introduire les aliments dans l'estomac ».

A onze heures du matin, le tricage est terminé et chaque
chiffonnier se rend chez le maître chiffonnier pour vendre
le produit de sa hotte.

Qu'on se figure un immense hangar couvert de planches
rapiécées et soutenu par des poutres vermoulues.

A l'entrée se trouve la patronne, debout à côté d'une
énorme bascule.

Le chiffonnier arrive, dépose sa hotte par terre et pèse
successivement dans un sac chaque produit. La patronne
fait l'addition sur un tableau noir; le chiffonnier porte
chaque résidu sur un tas spécial, reçoit vingt-cinq ou trente

sous et sans dire un mot il sort de l'établissement et va...
au cabaret.

J'ai dit que le chiffonnier devait pendant les quatre ou
cinq heures qu'il emploie à parcourir les rues, gagner de
quoi se loger, se vêtir et se nourrir. Mais on a vu que la
nourriture ne grève pas beaucoup son budget. Le placier
la trouve dans les restes que les cuisinières lui donnent
et le coureur en tire la partie principale du fond de sa
hotte.

Les vêtements? c'est encore dans la rue que le chiffonnier les cherche; quant au linge, il est presque inconnu;
en tout cas, on ne le lave jamais; le chiffonnier ne change
pas de linge comme le commun des mortels; son linge doit
tomber, c'est-à-dire que sous l'effet de l'usure et de la
pourriture il doit s'en aller morceau par morceau. Lorsque
le dernier lambeau a disparu, alors seulement le chiffonnier change de linge, et il remplace la chemise dont il a
vendu les débris comme vieux chiffons, par une chemise
neuve, du neuf d'occasion bien entendu. Il existe dans le
voisinage des cités de chiffonniers des *maisons de confection* spéciales, dans lesquelles pour quelques sous on peut
se procurer n'importe quel vêtement.

Reste le loyer. C'est là la dépense la plus difficile à
solder. Le loyer, c'est la grande préoccupation du chiffonnier; son taudis est misérable, mais encore faut-il qu'il
ait un taudis. Et la location de ce taudis se paye par semaine; les gérants de ces cités n'ont pas le cœur tendre
et n'accordent guère de crédit. Ils ont même une manière
assez bizarre d'obliger le locataire à solder son terme; si
le samedi le chiffonnier n'est pas en mesure de payer sa

Pesage et vente des chiffons.

semaine, on lui retire la porte de sa chambre. C'est là le
premier avertissement. Si le samedi suivant il ne s'est pas
exécuté, on l'expulse de l'immeuble. J'ai vu en hiver, au
mois de janvier, par un froid épouvantable, une femme
poitrinaire et deux petits enfants qui grelottaient au fond
de leur cellule. Le loyer n'avait pas été payé et par conséquent on avait retiré la porte de la chambre. La malheureuse mère avait cloué contre l'ouverture béante tous les
chiffons qu'elle possédait afin de préserver ses enfants du
vent glacial qui leur coupait le visage; elle n'avait même
pas songé à insister pour qu'on lui laissât sa porte. Elle
savait que la règle est inflexible. Il ne peut, en effet, en
être autrement, et le lecteur va comprendre tout à l'heure
pourquoi les gens qui exploitent ces cités sont obligés
d'avoir un pavé à la place où les êtres humains ont le cœur.

Mais, me demanderez-vous alors, que fait donc le chiffonnier de son argent? Il le boit. Cette phrase ne vous dit
rien de particulier; mais, si vous aviez vu, comme je l'ai vu
moi-même, boire les chiffonniers, vous comprendriez tout
ce que ces mots cachent d'horreur et de misère. Oui, le
chiffonnier boit. Dès qu'il a touché le prix de sa hotte, il
se dirige chez le marchand de vin, où il s'installe pour
douze et quelquefois pour vingt-quatre heures. L'attrait
du marchand de vin, la passion de la bouteille, le besoin
de se gratter le gosier (et Dieu sait ce qu'il faut pour réussir
à gratter des gosiers si émoussés) sont la cause de l'abjec-
tion dans laquelle vit cette classe de la société. Cette passion est tellement irrésistible, le chiffonnier sent si bien
qu'il est absolument incapable de garder dans sa poche un
seul centime du salaire qu'il vient de recevoir, qu'il a le

soin de constituer tous les jours le prix de son loyer en
nature. Dans chaque chambre il y a un petit coin dans
lequel le chiffonnier met en réserve un certain produit avec
lequel, à la fin de la semaine, il payera son loyer. En général, ce sont les chiffons de mérinos ou de flanelle qu'il
conserve ainsi religieusement. D'autres fois ce sont les cheveux de femme. Le samedi il vend cette petite réserve et il
paye son loyer. Tout le reste est mangé ou plutôt est bu
chez le marchand de vin. Quand je dis marchand de vin,
j'emploie un euphémisme, car dans ces établissements on
vend de tout excepté du vin.

Le cabaret du chiffonnier, le rogomiste, c'est le cercle,
le théâtre, le bal et le restaurant des membres de la corporation ; c'est là qu'il trouve le moyen de satisfaire tous ses
vices sans exception aucune. J'ai visité pas mal de ces
bouges, je suis allé chez le père Biron, marchand de vin
établi à Clichy, où tous les soirs des centaines de chiffonniers vont boire du *fil-en-quatre* ou du *casse-poitrine*, véritable poison composé d'alcool de grain, d'acide sulfurique,
de poivre et d'oignon ; j'ai *fréquenté* le bal du Vieux-Moulin,
j'ai étudié les mœurs de tous ces misérables qui dès la
tombée du jour s'entassent dans les cabarets de la rue des
Anglais, de la rue Gracieuse ou de la rue Sainte-Marguerite. Tous ceux qui n'ont pas vu ces horreurs ne sau-
raient se faire une idée de l'état d'abaissement auquel
un homme peut arriver lorsqu'il se laisse dominer par
l'instinct bestial.

Mais le chiffonnier, quelque dégradé qu'il soit, respecte
cependant les lois de la morale. Il n'est ni voleur, ni as-
sassin ; il n'aime pas à avoir des démêlés avec la justice,

et il a horreur de la prison. Ce n'est pas lui qui descendra dans la rue les jours d'émeute; il sait trop bien qu'il n'a rien à gagner au désordre.

Un soir dans une réunion électorale, à laquelle assistaient beaucoup de chiffonniers, un anarchiste prononce un discours enflammé et énumère toutes les souffrances que le peuple endure. Lorsque l'orateur eut terminé son discours, un chiffonnier demanda la parole.

« Nous venons, dit-il, d'entendre d'excellents médecins, connaissant parfaitement notre maladie, mais nous voudrions qu'au lieu de la si bien dépeindre ils nous indiquassent le remède.

— Le remède, s'écrie l'anarchiste, c'est la révolution sociale.

— Ce n'est pas cela qui mettra des os dans les tas d'ordures », répond le chiffonnier, qui, tranquillement quitte la salle de la réunion, prend sa hotte et son crochet et s'en va à son travail.

Le chiffonnier est avant tout un indépendant; il vit au jour le jour, et souvent bien misérablement, mais il vit en pleine liberté. Il regarde avec compassion l'ouvrier qui s'enferme dans un atelier, commence sa journée à une heure précise et la termine également à heure fixe. Une pareille existence ne saurait lui convenir. Pour lui, c'est de l'esclavage. A cet esclavage il préfère sa misère. Au moins il est son maître; il travaille quand il veut et comme il veut. S'il lui plaît de se reposer, il se reposera sans avoir à subir les observations d'un patron. De patron il n'en connaît aucun, ou du moins il prétend n'en connaître aucun, et il se vante d'avoir résolu le problème du sala-

9

riat, alors qu'en réalité il est, par sa faute, le plus exploité de tous les prolétaires.

Je me souviens d'avoir rencontré un jour, dans une cité, une femme encore jeune et propre; il était facile de voir qu'elle n'était pas née dans le métier.

« Vous n'avez pas toujours été chiffonnière, lui dis-je, et sans doute vous avez un état?

— Oui, monsieur, j'étais en place, je gagnais 60 francs par mois, mais je me suis mariée et j'ai épousé un homme *qui ne veut pas qu'on le commande.* Naturellement il a fallu nous faire chiffonniers. »

Et en effet il n'y a pas d'autre état avec lequel l'homme qui ne veut pas qu'on le commande puisse gagner son pain à sa guise. Aussi quel *refugium peccatorum* que cette cité dans laquelle grouille pêle-mêle tout ce monde déguenillé! Il y a de tout, là-dedans; il y a d'abord les vrais chiffonniers nés dans le métier et qui font ce commerce espérant arriver sinon à la fortune, du moins à l'aisance; il y a ensuite toute l'armée des déclassés. Cherchez bien là-dedans, et vous y trouverez un peu de tout; vous y trouverez le militaire qui a été chassé du régiment, le notaire qui a *eu des malheurs,* l'inventeur qui poursuit sans cesse une découverte nouvelle, le soi-disant homme de lettres incompris, et qui n'est incompris que parce que l'abus qu'il a fait de l'absinthe l'empêche de se faire comprendre. Tous ces malheureux ont été amenés là par la faim. Ils ont descendu l'échelle sociale petit à petit, et un jour, fatigués d'être constamment dévisagés et repoussés, ils sont venus se réfugier dans une cité de chiffonniers, où ils ont pu étaler leur honte sans plus avoir à rougir.

Un matin, en parcourant la cité de la *Femme en culotte*,
j'aperçois un homme qui lit. J'examine son livre, c'était
l'*Amour* de Michelet. Assurément ce chiffonnier n'était pas
le premier venu. C'était un déclassé que la tempête de la
vie avait fait échouer sur ce rocher, et qui, après s'être
accroché à cette épave, n'a plus eu assez de force ni de
courage pour se lancer de nouveau en pleine mer à la recherche d'une terre plus hospitalière. Ce déclassé mourra
dans la cité comme y est mort naguère un ancien notaire,
qui, après avoir joué un certain rôle en 1848, avait fini par
devenir chiffonnier.

Regardez au contraire cet autre chiffonnier qui travaille
avec ardeur. Celui-là ne restera pas longtemps dans la
cité. Il travaille dur et ferme, il n'a qu'un but : amasser
400 francs pour acheter un bout de terrain. Plus tard il
construira une hutte sur ce terrain. Dans quinze ans il sera
retiré des affaires. C'est là le côté intéressant de cette profession. Tout homme qui a du courage, de l'énergie et de
la persévérance est certain de pouvoir y gagner son pain.
Si à ces qualités il ajoute l'intelligence, il a quelque chance
de faire fortune. Les chiffonniers qui se sont enrichis sont
nombreux; les uns, pour arriver à la fortune, se sont
contentés de suivre petit à petit la hiérarchie sociale. De
coureurs ils sont devenus placiers, puis chineurs, puis
petits maîtres chiffonniers, puis commerçants en chiffons.
Ils ont commencé par habiter la cité, et ils ont fini par
acquérir un petit hôtel à Asnières ou à Bois-Colombes.

D'autres sont arrivés à la fortune directement, subitement, en inventant un nouveau moyen d'utiliser un produit quelconque, j'entends un de ces produits qu'on trouve

dans la rue. Un beau soir, un chiffonnier, tout en contem-
plant un tas d'ordures, se dit : « Mais pourquoi ne ramasse-
t-on pas tel détritus? Que pourrait-on bien faire de ceci ou
de cela? » Il cherche, et s'il trouve, sa fortune est faite. Je
pourrais citer bien des cas de ce genre, car à l'origine on
ne ramassait que le chiffon et l'os ; aujourd'hui on ramasse
tout, absolument tout.

Buckle a dit que toutes les grandes réformes qui ont été
accomplies ont consisté non à faire quelque chose de neuf,
mais à défaire quelque chose de vieux.

Les chiffonniers, eux, ont accompli une réforme encore
plus considérable, car ils ont trouvé le moyen à la fois et
de défaire quelque chose de vieux et de faire quelque chose
de neuf; ils ont trouvé le moyen de transformer un produit
que nous délaissons, que nous méprisons, que nous jetons
dans la rue en un produit que tout le monde recherche, et
de permettre ainsi à l'industrie française de gagner des
centaines de millions qui sans eux seraient perdus pour
tout le monde.

Je viens de citer un bien gros chiffre, il s'agit de prouver
qu'il est exact. Pour cela je n'ai qu'une chose à faire, c'est
de vider ma hotte devant mes lecteurs, puis de prendre
un à un tous les déchets, tous les détritus que j'y ai empilés pendant ma course nocturne, et d'en montrer la
transformation ou l'utilisation. C'est ce que je vais faire.

CHAPITRE V

CHAPITRE V

A tout seigneur tout honneur. Puisque c'est le chiffon qui a donné son nom au chiffonnier, c'est par le chiffon que nous allons commencer l'examen de tout ce que contient la hotte d'un coureur.

Pendant bien longtemps le chiffon ramassé dans la rue n'a eu que deux emplois : la papeterie et l'engrais. Les chiffons de fil et de coton servaient à la fabrication du papier et du carton ; et le chiffon de laine, absolument déprécié et tort rare d'ailleurs, n'était utilisé que pour faire de l'engrais.

Mais petit à petit l'imprimerie se développe, les livres se répandent, les journaux font leur apparition et les fabricants de papier commencent à se préoccuper de la question de savoir comment ils trouveront assez de chiffons pour fabriquer le papier qu'on leur demande. Ils auraient pu suivre les conseils de l'école libre échangiste, qui de tout

temps a eu ses défenseurs, et demander à la liberté, aux
efforts et au progrès le moyen de faire prospérer leur industrie; mais ils ont trouvé plus simple et plus commode de
suivre la doctrine protectionniste, c'est-à-dire de se protéger en écrasant leur voisin. Ici le voisin c'était le chiffonnier, et les grands personnages qui représentaient alors
l'industrie de la papeterie n'ont pas eu beaucoup de peine à
obtenir gain de cause contre ce pelé, ce galeux, ce tondu,
d'où venait tout le mal. Est-ce que les chiffonniers ne de-
vraient pas être très fiers de voir transformer en beau papier
leurs chiffons informes? De quel droit prétendent-ils aller
vendre ces chiffons à l'étranger? « Sire, disent les fabricants
de papier, il y a pénurie de matière première, et, si Votre
Majesté n'empêche pas la sortie des chiffons de France, il
ne nous sera plus possible de fabriquer du papier pour son
service. » Le roi, c'était alors Louis XV, convaincu de la
justesse de cet argument, frappe le chiffon d'un droit de
trente livres par quintal (4 mai 1727). Les fabricants de
papier, certains désormais que la matière première produite en France ne pourra plus aller à l'étranger, s'endor-
ment sur leur triomphe. Les chiffonniers opprimés pro-
testent et travaillent; ils travaillent si bien, ils font faire à
leur industrie de tels progrès, ils arrivent à épurer et à
classer leurs chiffons avec un tel soin, que, malgré ce
droit énorme de 30 livres par quintal, les chiffons français peuvent encore être exportés à l'étranger, où ils sont
très recherchés. Les fabricants de papier, déçus dans leurs
espérances, reviennent à la charge et cette fois ils demandent purement et simplement que les chiffons ne puissent
à aucun prix sortir de France.

Le 21 août 1771, « Sa Majesté fait très expresses inhibi-
tions et défenses de faire sortir, à compter du jour de la
publication du présent arrêt, tant par terre que par mer,
hors du royaume à l'étranger, aucuns vieux linges, chiffons, vieux drapeaux, pâtes, rognures de peaux et de par-
chemins et autres matières propres à la fabrication du
papier, et à la formation de colle, à peine de confiscation
desdites marchandises, navires, barques, voitures, chevaux
et de trois mille livres d'amende payable par corps, qui ne
pourra être remise, ni modérée et dont un tiers appar-
tiendra au dénonciateur. »

Quant au malheureux chiffonnier, il est soumis à un
véritable *exercice*. Il est tenu de déclarer les quantités de
chiffons qu'il a ramassées; et chaque fois qu'il en a réuni
50 livres, il est obligé de demander un *acquit à caution*
pour les transporter chez le fabricant. Si on trouve chez lui
une quantité de chiffons supérieure à celle qu'il a déclarée,
on lui inflige une amende de trois mille livres.

Il est vrai qu'à cette époque le fabricant de papier ne
jouissait pas non plus d'une bien grande liberté ; car l'ordonnance royale du 7 mars 1771, qui règle le régime de
cette industrie, indique la quantité et la dénomination
même des papiers qu'on pourra fabriquer, ainsi que le prix
de l'impôt à payer. L'ordonnance fixe même le format des
divers papiers, et parmi ces formats nous voyons figurer :
« le grand Louvois, le grand éléphant, le chapelet, le capu-
cin, le royal ordinaire, le grand raisin, le Joseph bat sa
femme, les licornes à la cloche, le papier à la pigeonne,
le grand atlas, le petit atlas, le pantalon, le carré ou grand
compte, le papier tellière » et plusieurs autres. Bien

10

entendu il était défendu de fabriquer du papier d'un format autre que les divers formats autorisés.

Mais voici que la Révolution de 1789 arrive et proclame la liberté du travail. Les fabricants de papier, comme tous les autres industriels, ont désormais la faculté de fabriquer telle marchandise qui leur conviendra. Ils profitent de cette liberté, mais ils refusent de l'accorder aux chiffonniers qu'ils prétendent maintenir sous leur domination, en les empêchant d'aller vendre leurs produits à l'étranger. Les marchands de chiffons sont encore une fois obligés de subir le joug de leurs terribles ennemis.

En 1860, les idées libre échangistes se réveillent et le ministre du commerce propose à l'empereur un projet de loi sur la libre sortie du chiffon. Immédiatement les grands fabricants de papier de France adressent au conseil d'État une lettre dans laquelle ils répètent ce que de tout temps ont dit les industriels qui réclament protection : « Si cette loi est votée, le gouvernement pourra se vanter d'avoir condamné à mort l'une des plus vieilles industries de la France, la Papeterie. » Quoi, s'écrient-ils, vous trouvez chez vous, dans votre pays, une matière précieuse avec laquelle vous alimentez le travail national, une matière sans valeur avec laquelle vous créez pour la France une valeur de 75 millions, et cette matière première qui ne suffit pas à vos usines vous la livreriez à l'étranger !

Le ministre répond que les progrès de la science économique ont prouvé que la liberté des transactions est le moyen le plus certain de faciliter les approvisionnements.

Et les chiffonniers ajoutent : « Si vous voulez que nos chiffons, que vous reconnaissez être une matière précieuse, restent en France, vous n'avez qu'à nous les payer ce que les étrangers nous les payent. »

La lutte entre le chiffon et le papier devient très vive, mais cette fois les chiffonniers l'emportent; ils n'obtiennent pas encore la libre sortie de leurs produits, mais ils sont autorisés à exporter leur marchandise moyennant un droit de 12 francs par 100 kilogrammes, droit qui est successivement abaissé à 9 francs, puis à 6 francs et enfin à 4 francs en 1869.

Grâce à cette sage législation, l'industrie du chiffon décuple ses affaires, et la papeterie, qui devait être condamnée à une mort certaine, trouve dans les succédanées du chiffon les pâtes de bois, de paille, d'alfa, de racine de luzerne, etc., le moyen de se passer de plus en plus du chiffon. Elle arrive à fabriquer du papier de journal dans lequel il entre 65 pour 100 de pâte de bois, 20 à 25 pour 100 de plâtre et seulement 10 à 15 pour 100 de chiffon. Et ces mêmes fabricants qui, quelques années auparavant, avaient prétendu ne pouvoir plus travailler si on permettait aux chiffons de sortir de France, sont obligés de reconnaître qu'ils fabriquent des cahiers de papier satiné dans la composition duquel il n'entre pas un atome de chiffon. Mais, pour obtenir ce résultat, il faut faire des efforts constants, il faut sans cesse perfectionner l'outillage et se tenir à l'affût du moindre progrès, de la plus petite découverte, tandis qu'en empêchant, par des droits à la sortie, le chiffon français d'aller à l'étranger, les fabricants de papier, certains d'avoir la matière première à vil prix, seraient assurés de pouvoir gagner de l'argent sans se donner aucun mal.

Aussi en 1876 les fabricants de papier reviennent-ils à la charge et demandent-ils une élévation du droit de la sortie sur les chiffons. La guerre entre le chiffon et le papier est de nouveau déclarée et cette fois la lutte devient épique.

Les fabricants de papier réclament à la fois l'établissement d'un droit à la sortie de 6 francs les 100 kilogrammes sur les vieux chiffons, vieux papiers, rognures, déchets et maculatures et l'établissement d'un droit à l'entrée de 8 francs les 100 kilogrammes sur le papier étranger.

Les marchands de chiffons, plus logiques et plus justes, demandent la liberté complète : liberté pour le chiffon français d'aller à l'étranger ; liberté pour le chiffon étranger d'entrer en France, et dans un mémoire adressé à la Chambre des députés ils s'écrient :

« L'industrie du chiffon demande à la papeterie de bien vouloir ne pas l'écraser par des droits prohibitifs de sortie ; si le chiffon français a l'honneur d'être recherché à l'étranger, il le doit à ses efforts, aux soins avec lesquels il est classé, trié, assorti, épuré. Il a fait appel à la science pratique ; il a su reconquérir des parties autrefois perdues. Il sollicite la liberté d'aller se défendre sur les marchés étrangers, où il trouve un meilleur accueil que dans son ingrate patrie ! »

La Chambre des députés ne voulut pas que les chiffonniers pussent accuser la patrie d'ingratitude ; elle refusa d'élever le droit de 4 francs, et en 1879 ce droit fut absolument supprimé. Le chiffon, conformément aux conclusions d'un rapport présenté par M. Jametel, député de la Somme, obtient enfin la liberté absolue de sortir de France sans payer de droit, et d'aller s'offrir sur les marchés étrangers, *où il trouve un meilleur accueil que dans son ingrate patrie!*

A partir du jour où les droits à la sortie sont diminués, l'industrie du chiffon prend un développement qui n'a fait qu'augmenter d'année en année.

Aujourd'hui cette industrie est une industrie importante, qui occupe un nombre très considérable d'ouvriers et dont le mouvement d'affaires se chiffre par des centaines de millions.

On a calculé qu'en France chaque habitant met au rebut 8 kilogrammes d'étoffes diverses par an. Ce sont des pantalons, des gilets, des habits, des caleçons, des gants, des jupons, des cache-nez, des tricots, des débris d'ateliers de tailleurs ou de couturières, des déchets de tapisseries provenant des voitures ou des wagons de chemin de fer.

Si on multiplie ce chiffre de 8 kilogrammes par 35 millions d'habitants, on trouve que la France produit chaque année 280 millions de kilogrammes de chiffons, qui, à 50 centimes le kilogramme, représentent 140 millions de francs.

Tous ces chiffons ramassés dans la rue par le coureur ou achetés à la ménagère par le chineur, sont classés par le maître chiffonnier et surtout par le commerçant en chiffons; puis, suivant leur qualité, ils sont employés à la papeterie ou à l'effilochage.

La papeterie n'emploie que le chiffon de fil et de coton. Les chiffons sont d'abord *triés* et *délissés*, c'est-à-dire séparés suivant leur qualité et débarrassés des corps étrangers qu'ils peuvent contenir : boutons, crochets, agrafes, œillets de corsets, caoutchouc, baleines, etc. Ils sont

ensuite battus, nettoyés et défilés, et réduits en pâte. Voici
comment M. Poiré, dans son livre « *la France industrielle*[1] »,
explique ces diverses opérations :

« On soumet les chiffons à l'action d'une lessive alcaline
de chaux ou de soude, chauffée à la vapeur dans des appareils rotatifs, qui sont soit de grands cylindres en tôle
rivée, tournant autour de leur axe, soit des sphères en
tôle rivée, tournant autour de leur diamètre. Un trou
suffisamment large permet d'introduire les chiffons. Après
avoir fermé hermétiquement ce trou avec une plaque, on
fait arriver la lessive et la vapeur par des tuyaux L et V qui
se réunissent suivant l'axe de rotation. La tension de la
vapeur, et par suite la température, doivent varier suivant
la nature des chiffons à laver. On donne à l'appareil un
mouvement très lent, vingt tours au plus par heure; les
corps gras sont pris par l'alcali, et la chaleur facilite le
ramollissement et la dissolution des matières gommeuses
qui unissent les fibrilles. Au bout de quatre heures on
rince à l'eau pure et l'on recommence l'opération pendant
le même temps.

« Après ce nettoyage il faut détruire le tissu du chiffon,
en isoler les fibres pour les mélanger ensuite et en faire
une pâte homogène. C'est le but de l'opération appelée
défilage, qui se faisait autrefois dans des mortiers où le
chiffon était battu par des pilons, mais que l'on exécute
aujourd'hui à l'aide de machines inventées au dix-huitième
siècle par les Hollandais, et que l'on nomme *piles* ou *cylindres*. Elles se composent essentiellement d'un grand bac,

---

1. *La France industrielle*, par Paul Poiré, professeur au lycée Fontanes, librairie
Hachette.

dans lequel se meut avec une vitesse de 180 tours par
minute un cylindre armé de lames métalliques que l'on
voit à travers la déchirure faite dans l'enveloppe N ; ces

Laveur sphérique.

lames rencontrent, dans leur rotation, des lames fixes im-
plantées sur une pièce appelée *platine*, et située au fond
du bac. Les chiffons jetés dans l'appareil sont entraînés
par le cylindre et déchirés entre ces lames et celles de la
platine. La matière, lavée par un courant d'eau qui arrive
en R, est déposée par lui sur un plan incliné à l'état de

pâte homogène. Il est certain que la ténuité des fragments sera d'autant plus grande que l'intervalle du cylindre et de la platine sera plus petit ; on fait varier la grandeur de cet intervalle en agissant sur la manivelle *m*, qui, par l'intermédiaire de vis sans fin que représente la figure, permet d'élever ou d'abaisser l'axe de rotation du cylindre. Au bout de deux heures environ l'opération est achevée, et la pâte ou *défilé* est soumise au blanchiment. »

Le blanchiment est obtenu à l'aide du chlorure de chaux que l'on dissout dans l'eau.

Quand la pâte a été blanchie, on la raffine, c'est-à-dire qu'on la réduit en fragments excessivement ténus, puis on la transforme en papier soit à la main, soit à la machine.

Louis Figuier, dans son ouvrage *les Merveilles de l'industrie*, nous apprend que dans le monde entier on consomme près d'un milliard de kilogrammes de papier par an.

Cette consommation se répartit de la façon suivante :

	Millions de kilogrammes.
Administrations publiques et chancelleries.	100
Écoles	90
Commerce.........	20
Industrie..............	30
Correspondance privée, lettres..	50
Imprimerie ou librairie..................	450
Journaux.............................	160

Bien entendu, ces chiffres s'appliquent tant au papier de chiffons qu'au papier de bois et de paille.

Les pays qui usent le plus de papier sont :

	Millions de kilogrammes.
Les États-Unis.........	187
L'Allemagne.....................	174
L'Angleterre........	170
La France......................	170

Celui qui en consomme le moins est la Turquie, 50 millions de kilogrammes. Ce n'est là, dit Louis Figuier, que
la consommation des nations civilisées qui comptent
360 millions d'individus. Il y a encore 500 millions d'hommes de provenance mongole (Chinois, Siamois, Coréens,

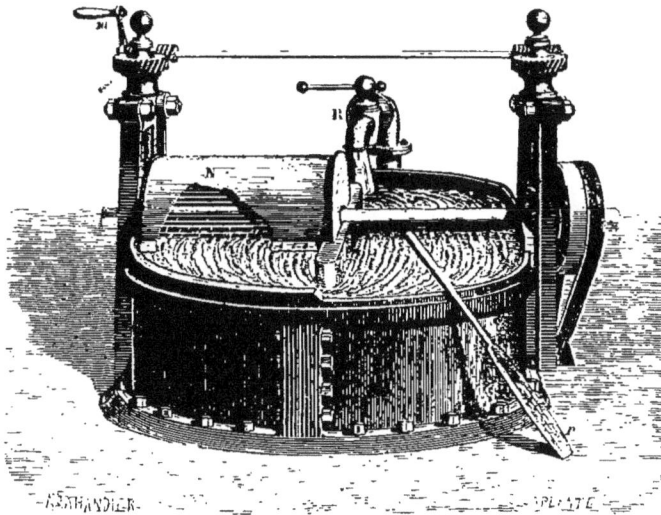

Pile hollandaise.

Japonais) qui se servent du papier (*fil: paper*) préparé avec
les fibres fraîches et les feuilles ou écorces d'arbres, ou de
tiges de plantes. En second lieu, 10 millions d'hommes
(race éthiopienne, américaine, australienne) emploient
les feuilles, l'écorce d'arbres et les tablettes de bois. Troi-
sièmement, 130 millions d'individus de la race caucasique
(du groupe linguistique indo-européen et du groupe sémi-
tique : Persans, Hindous, Arméniens, Géorgiens, Cauca-

11

siens, Babyloniens, Syriens, Phéniciens, Égyptiens, Seldjoukes et Osmanlis) ne se servent guère que du papier de coton.

Il n'est pas sans intérêt d'ajouter que sur les 990 millions d'habitants de la terre, il en est 360 millions qui ne connaissent ni l'écriture, ni le papier [1].

Le chiffon de laine, qui n'est d'aucune utilité pour la fabrication du papier, est effiloché. L'effilochage date de 1838. Jusqu'à cette époque le chiffon de laine, qui était fort rare, car les riches seulement pouvaient se procurer des vêtements de laine qui coûtaient fort cher, ce chiffon, dis-je, était employé à faire de l'engrais. Vers 1838 apparaissent les premiers essais d'effilochage qui devaient apporter une révolution dans l'*industrie* du chiffon et du vêtement.

M. Souchay, qui a écrit sur le chiffon de laine un ouvrage plein de renseignements utiles, raconte de la façon suivante l'invention de l'effilochage.

« Vers 1838, dit-il, un paysan de Maine-et-Loire, ayant aux pieds de vieux bas tricotés et des sabots ébréchés et raccommodés avec du fil de fer, s'aperçut un jour que ses chausses s'effiloquaient; à la veillée, il lui prit fantaisie de les réparer, et pour cela d'en retirer l'effiloque. En le retirant il vit un flocon de laine qu'il tourna et retourna dans tous les sens entre ses doigts, qu'il se mit à filer et à essayer de casser. Une idée germa dans son esprit, et le lendemain, sans se rendre bien compte de ce qu'il faisait, il emprunta à un petit cardeur de laines, et sans lui dire pourquoi, une paire de cardes à la main. Alors il prit un

---

1. Louis Figuier, *les Merveilles de l'industrie.*

morceau de son bas, le carda et en fit de la laine, qu'il
recarda pour détricoter les fils qui se montraient et
auraient fait découvrir la provenance de la matière; le bas
y passa entièrement, et, pour aider au cardage, il l'impré-
gna d'huile, ainsi qu'il l'avait vu faire au fabricant lorsqu'il cardait sa laine.

» Muni de la laine ainsi obtenue, ce brave paysan alla voir
celui qui lui avait prêté les cardes et lui demanda s'il achè-
terait cette matière. Ils convinrent d'un prix. Notre
homme alla aux environs de sa localité, acheta les vieux
bas bleus, rien que les bleus, puisque cette nuance conve-
nait au fabricant et lui économisait au moins 2 francs
par kilogramme de frais de teinture, les transforma en
laine, qu'il vendit. Mais il était épié, et, quand il vit qu'il
allait être découvert, il ne voulut plus vendre sa laine et
vint à Paris. »

J'ignore si cette version est exacte. Ce qui est certain,
c'est que MM. Gourdon frères, filateurs à Chemillé (Maine-
et-Loire), à la vue de quelques kilogrammes de laine effi-
lochée par un nommé Besnier, fabricant de chaises, qui
avait lui-même défilé à la main, comprirent toute l'importance de cette découverte et construisirent la première
machine à effilocher vraiment digne de ce nom.

Aujourd'hui les machines à effilocher ont été tellement
perfectionnées que l'on effiloche avec la plus grande faci-
lité, non seulement les bas et les tricots, mais encore les
couvertures, les draps, les chaussons de Strasbourg, les
tapis et jusqu'au feutre.

L'invention de l'effilochage a eu naturellement pour effet
de faire hausser considérablement le prix des chiffons de

laine et de faire baisser dans des proportions énormes le prix des vêtements.'

Les chiffons de laine qui, lorsqu'ils étaient destinés à l'engrais, valaient 3 et 4 francs les 100 kilogrammes, sont progressivement monté à 16, 18, 25 et 30 francs. Les rognures de flanelle neuve et blanche, qui se vendaient 40 francs les 100 kilogrammes, valent aujourd'hui 400 fr. Tous ces chiffons sont transformés par l'effilochage, en laine artificielle, qu'on a appelée laine renaissance, pour la distinguer de la laine mère, et il est permis de dire qu'il ne se fabrique presque plus d'étoffes de laine neuves qui ne contiennent une certaine quantité de laine renaissance, c'est-à-dire de vieux chiffons tirés de la hotte du coureur.

La France possède un assez grand nombre d'usines dans lesquelles on effiloche les vieux chiffons de laine; mais cette industrie a surtout fait des progrès en Angleterre où il y a des contrées entières, dont la population est adonnée à ce genre de travail, qu'on appelle le *shoddy*.

« Parmi les cités manufacturières importantes du Yorkshire, dit la *Revue de Westminster*, il faut citer Batley, le chef-lieu du grand entrepôt de ce qu'on nomme le *shoddy*. C'est la fameuse capitale des chiffons, la métropole des haillons, où tout mendiant de l'Europe envoie sa défroque mangée de vers, sa cotte souillée, son linge troué, ses bas en guenilles. C'est ici le lieu de leur dernière étape, de leur dernière destination. Tous ces haillons étranges, réduits d'abord par des machines puissantes en une matière filamenteuse, reviendront à Londres sous les formes les plus élégantes, depuis l'étoffe solide

du vêtement de marin jusqu'à la moire soyeuse et au drap
le plus souple. Ainsi le justaucorps rejeté par le premier paysan de l'Irlande, le caban trop souillé du mendiant polonais, revoient le jour avec les apparences les
plus brillantes; le paletot lustré du cavalier qui s'élance
dans le champ de course, l'amazone élégante de cette
dame qui se promène dans les jardins de Belgrave, l'habit
sombre de son confesseur, tout cela c'est du *shoddy*, tout
cela provient de la laine du chiffon[1]. »

M. Simmonds, commissaire général pour les colonies
anglaises à l'Exposition universelle de Paris de 1867, dans
un ouvrage très curieux sur l'industrie du chiffon, donne
les renseignements suivants relatifs à l'effilochage des
chiffons de laine.

« En 1858, il y avait à Batley cinquante machines à
triturer en activité, produisant chacune par jour quatre
balles de laine de chiffon, de 120 kilogrammes chacune; en
comptant cinquante semaines de travail par année et six
jours par semaine, on arrive à un produit de 7 200 000 kilogrammes de laine, et en réduisant 10 pour 100 pour chô-
mage, à une production annuelle de 6 480 000 kilogrammes
de laine. Or, comme l'opération n'a pu être exécutée sans
qu'il y eût 25 pour 100 de déchet pendant le broyage et
l'épluchage, on arrive à constater qu'il a fallu un total
de 8 640 000 kilogrammes de lambeaux et de chiffons de
laine pour donner un pareil résultat.

» Dans ce calcul il ne s'agit que d'une seule localité,
celle de Batley : si l'on y ajoute ce qui se produit dans les
manufactures environnantes, où cette industrie est con-

1. *Revue de Westminster.*

centrée, on arrive, d'après des documents qui méritent toute confiance au total vraiment extraordinaire de 19 440 000 kilogrammes pour le poids des lambeaux de toute nature qui sont convertis en laine et vendus à l'industrie chaque année.

» Cette laine se vend communément, d'après sa finesse, de 85 centimes à 1 fr. 20 cent. le kilogramme. On évalue à deux tiers la laine la plus commune, à un tiers celle de qualité supérieure; on arrive ainsi à une valeur annuelle de 18 900 000 francs de matières premières rendues à l'industrie et considérées, il y a quarante ou cinquante ans, comme déchet et matières sans valeur[1]. »

Depuis que ces lignes ont été écrites l'industrie du *shoddy* a fait des progrès considérables. Il serait difficile de donner des chiffres exacts indiquant la quantité de laine renaissance fabriquée en France; mais on comprendra l'importance de ce commerce quand j'aurai dit qu'à Paris seulement les chiffonniers ramassent chaque jour 75 000 kilogrammes de chiffons de toute nature.

Tout ce qui n'est pas employé pour la fabrication du papier va chez l'effilocheur qui, grâce à la machine Le Goff, effiloche non seulement les chiffons les plus durs comme les plus tendres, mais encore les déchets de filatures, les tricots, les gants et même les feutres. Ce n'est pas ici le lieu de donner une description détaillée de cette machine. Il me suffira de dire qu'elle se compose essentiellement d'une toile mobile qui amène les chiffons entre deux cylindres tournant en sens inverse et destinés

1. *Wasted and undeveloped Products, or Hints for enterprise in neglected fields*, by P. L. Simmonds.

à maintenir les chiffons qu'ils présentent à un grand
cylindre armé de pointes. Ces pointes, grâce à la rapidité
avec laquelle elles tournent (elles font 1500 à 1600 tours à
la minute), peuvent déchiqueter jusqu'à 300 kilogrammes
de marchandise par jour.

L'effilocheuse Le Goff fonctionne aujourd'hui dans un
très grand nombre d'usines, où elle rend beaucoup de ser-

L'effilocheuse Le Goff.

vices ; grâce à elle, tous les chiffons de laine, quels qu'ils
soient, peuvent être rapidement et économiquement transformés en laine artificielle que nos manufactures de draps
emploieront comme de la laine mère.

Les beaux chiffons de choix produiront de la laine renaissance de première qualité, avec laquelle on fabriquera
les articles dits de nouveauté ; les chiffons plus usés serviront à faire des étoffes ordinaires, des couvertures à bon
marché, et spécialement des couvertures pour chevaux.

Les pantalons rouge de nos soldats ont une affectation

spéciale ; une fois effilochés ils sont transformés en bonnets qui se vendent par centaines de mille en Asie Mineure.

Les cordons de sonnette, les franges, les objets en passementerie, les épaulettes de soldats servent à faire une bourre avec laquelle on garnit les coussinets des appareils orthopédiques !

Les chiffons de soie ne sont livrés à l'effilochage que lorsqu'ils sont ou trop petits ou trop usés pour être employés à d'autres usages.

Tous les morceaux d'une certaine taille sont vendus aux fabricants de parapluies, qui s'en servent pour recouvrir des parapluies à bon marché, et surtout des parapluies d'enfants et de poupées.

Les morceaux plus petits sont teints en noir et employés à la confection des casquettes dites de voyage ; enfin les morceaux plus petits encore sont achetés par des industriels qui les utilisent pour recouvrir des boutons en bois ou en carton qui, grâce à ce procédé, sont vendus à un prix fabuleux de bon marché.

Enfin les déchets de soie sont effilochés et transformés en bourre de soie. C'est avec cette bourre que l'on ouate les couvre-lits, les coussins, les intérieurs de boîtes à gants ou à bijoux, et souvent aussi certains vêtements d'hommes et de femmes. On fait également avec des chiffons de soie une sorte de tontisse impalpable, avec laquelle on fabrique du papier velouté de soie pour tentures d'appartements.

Les bénéfices réalisés par l'effilochage des vieux chiffons de laine sont si considérables qu'on a essayé d'extraire la laine contenue dans les chiffons dits demi-laine, c'est-à-dire dans les étoffes contenant à la fois de la laine et du

coton. On a commencé par traiter ces chiffons à l'aide d'un
procédé chimique qui avait pour effet de détruire le coton
et de laisser intacte la laine. Mais depuis quelques années
un progrès considérable a été réalisé dans cette industrie
par M. Caminade, qui a trouvé le moyen de désagréger les
matières animales et les matières végétales qui se trouvent
dans les étoffes. Par le procédé Caminade, les matières
animales sont rendues à l'industrie sous forme de laines
artificielles ou d'engrais solides et solubles, titrant jusqu'à
14 pour 100 d'azote, et les matières végétales sont resti-
tuées sous la forme de textiles, pouvant servir soit aux es-
suyages, soit à la pâte à papier.

Ainsi, le chiffon qui est jeté dans la rue, quelles que
soient sa qualité, sa couleur, sa saleté, son usure revoit le
jour sous une forme nouvelle, et cette résurrection est due
au chiffonnier qui ramasse, trie et classe une masse considérable de déchets de toute nature. Si le chiffonnier
n'existait pas, tous ces chiffons, tous ces déchets, tous
ces détritus au lieu d'être utilisés ne tarderaient pas à
produire des foyers d'insalubrité des plus dangereux.

CHAPITRE VI

CHAPITRE VI

LE VERRE CASSÉ

A - vez vous des bou - teil - les   cas - sees ?

Qu'est-ce qui pousse ce cri? C'est un vieux chineur qui tire péniblement une charrette informe dont les roues raccommodées en plus d'un endroit semblent devoir céder au premier choc qu'elles auront à subir.

Si vous avez des bouteilles cassées ou des morceaux de verre quelconques, c'est le cas de vous en débarrasser. Du même coup vous éviterez les accidents et vous contribuerez à faire vivre un malheureux qui, au lieu de demander l'aumône comme tant d'autres, a trouvé ce moyen ingénieux de gagner honnêtement son pain.

Que pouvez-vous bien faire de ce tas de verre cassé qui encombre votre cave? Rien. Qu'en fera le chineur? Oh! lui, il en tirera un excellent parti. Tout d'abord, quand il sera rentré dans la cité et qu'il aura déchargé sa voiture, il opé-

rera un triage général. Il mettra d'un côté le verre à carreau
et de l'autre le cristal, c'est-à-dire les débris de coupes ou
de gobelets. Il entassera dans un coin le verre à bouteilles
et empilera dans un autre les culots de bouteilles. Quand
l'un de ces tas formera le chargement de sa charrette, il ira
le vendre chez le maître chiffonnier le plus voisin de son
domicile.

Aujourd'hui que nous employons le verre sous mille
formes différentes et qu'il nous est possible pour quelques
sous de nous procurer des objets en verre aux formes les
plus élégantes, nous avons de la peine à comprendre que
cette industrie qui, paraît être due aux Égyptiens, ait mis
tant de temps pour se répandre dans le monde.

De l'Égypte l'art de la verrerie passe à Rome, puis à Venise, ensuite en Espagne et dans les Gaules, enfin elle va se
fixer de nouveau à Venise, d'où Colbert l'introduit en France.

L'emploi des vitres était connu des anciens et Sénèque
affirme que l'invention de clore les habitations par des
vitres date de son époque. L'usage des vitres dans nos habitations ne remonte qu'au quatorzième siècle, et jusqu'au
siècle de Louis XIV, pendant lequel l'emploi des vitres
d'un seul morceau devint général, les vitres étaient for-
mées de carreaux de petites dimensions encastrés dans des
baguettes de plomb.

Pendant tout le quinzième siècle, avoir des fenêtres
vitrées constituait un luxe qui n'était à la portée que des
gens très riches. Chez les plus grands seigneurs, dans
beaucoup de château féodaux et même dans le palais des
rois de France, il y avait plus d'une fenêtre garnie tout
simplement de papier huilé.

On lit en effet, dans les *Comptes de l'argenterie des rois de France*, en 1454 :

« Deux aunes de toile cirée dont a été fait un châssis, mis en la chambre de retrait de ladite dame reine, au château de Melun.

» Plus quatre châssis de bois à tendre le papier sur les fenêtres de ladite chambre, et huile pour les oindre pour être plus clairs. »

L'usage des vitres ne se généralisa pas très rapidement puisqu'au dix-huitième siècle il existait encore une corporation des *châssessiers* dont la profession consistait à garnir les fenêtres de papier huilé. En 1853, on pouvait encore voir dans de petits villages des Alpes maritimes des maisons entières dont toutes les fenêtres ne possédaient, en guise de carreaux, que du papier huilé. Aujourd'hui il n'y a pas de maison, quelque pauvre qu'elle soit, qui ne possède des fenêtres vitrées. On peut même, sans être bien riche, avoir à ses fenêtres des verres de qualité supérieure appelés *glaces*.

Le mètre de glace, qui coûtait 165 francs en 1702, tombait à 127 francs en 1835, à 61 francs en 1856, à 41 francs en 1862 et à 35 francs en 1881.

Aussi la consommation des grandes glaces s'est-elle développée considérablement. En 1673, le comte d'Avoux écrivait de Venise à Colbert pour lui communiquer les offres d'un Italien qui proposait d'établir en France une manufacture de grandes glaces. Savez-vous ce que répondit Colbert ? Il répondit par un refus. Il refusa sous prétexte « qu'il n'y aurait absolument aucun débit de grandes glaces dans le royaume, et que le roi seul pouvait en avoir besoin ». Aujourd'hui le plus modeste épicier de province se donne pour sa devanture un luxe que Louis XIV ne connaissait pas et en 1863 les propriétaires du *Grand-Hôtel* de Paris employaient dans cet immeuble 5000 mètres de grandes glaces sans dépenser à beaucoup près une somme égale à celle que Louis XIV dut prélever dans la poche des contribuables de son époque pour orner la galerie des glaces du château de Versailles [1].

Si l'industrie des vitres et des glaces a fait de grands progrès, celle de la fabrication des bouteilles et de la gobeletterie en a fait de plus grands encore, depuis un certain nombre d'années.

« L'usage des bouteilles en France date du treizième siècle et ne devint général qu'au quinzième siècle. La première verrerie française fut fondée en 1290 à Quinquengrogne, près de la Capelle (Aisne).

» Cet établissement appartenait au vicomte van Leempael ; des brevets lui furent octroyés par Charles de Bourgogne, par François Ier, par Charles IX, par Henri III et par Henri IV. Cette verrerie est éteinte depuis quelques années, subissant la loi de l'industrie moderne, succombant dans la lutte avec d'autres verreries plus favorisées sous le rapport des communications ou des débouchés.

» Au début le verre à bouteilles était presque noir, de nos jours la couleur s'est transformée et le *verre à bouteille* a fait place à un verre transparent peu coloré.

» La fabrication des bouteilles est très importante en France ; on en produit annuellement 180 millions, qui représentent une valeur de 35 à 40 millions de francs.

1. J'emprunte ces détails à l'*Encyclopedie chimique* de M. Frémy.

» En 1881, on en a exporté :

39 900 026 kilos de bouteilles pleines, pour 6 384 004 francs.
14 125 278   —   —   vides, pour 2 118 792   —.

51 025 304 kilos   pour 8 502 796 francs.

» Cent quarante fours environ sont appliqués à cette fabrication des bouteilles. Depuis quelques années le phylloxéra qui a ravagé les principaux vignobles de France

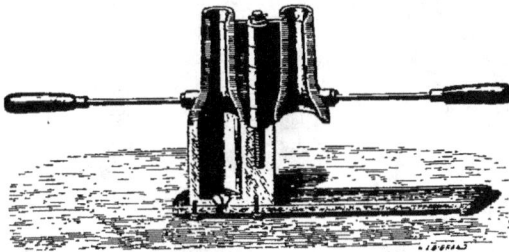

Moule d'une bouteille bordelaise.

a été une cause de diminution de la fabrication des bouteilles [1]. »

Les matières premières employées à la fabrication du verre à bouteille varient suivant les localités. M. Poiré, dans son ouvrage *la France industrielle*, donne la formule suivante, comme indiquant le dosage ordinaire du verre à bouteilles :

Sable jaune...... .. ..   100 parties.
Soude de varechs................. 30 à 40   —
Charrées (cendres lessivées)....... 160 à 170   —
Cendres neuves................. 30 à 40   —
Argile neuve................... 80 à 100   —
Groisil....................... 100 à 145   —

Lorsque le verre est au degré de fusion voulu, le *gamin*

1. Henrivaul, *Le verre.*

13

en cueille, avec la canne, à plusieurs reprises, jusqu'à ce qu'il ait ramassé la quantité nécessaire pour faire une bou-

Fabrication des bouteilles.

teille. Il passe alors la canne au maître verrier, qui, après avoir façonné le goulot sur une plaque en fer, donne à la masse vitreuse la forme d'une poire en soufflant dans la

Triage du verre cassé chez M. Verdier.

canne; puis il l'introduit dans un moule, souffle de nouveau et la bouteille prend la forme et les dimensions du
moule.

On nomme groisil les débris de verre ramassés par les
chiffonniers. Le groisil n'entre pas seulement dans la composition du verre de bouteille, il est encore employé dans
la fabrication du verre à vitres et du verre à gobeletterie.

A Paris, les chiffonniers ramassent tous les jours
15 000 kilogrammes de verre blanc, qui, vendus à raison de
5 francs les 100 kilogrammes, représentent la somme de
750 francs. Quant au verre à bouteilles, on en ramasse des
quantités beaucoup plus considérables. Le verre à bouteille ne se vend que 1 franc les 100 kilogrammes.

Les maîtres chiffonniers qui achètent *la récolte* des chineurs ne sont pas très nombreux à Paris. Tout le verre
cassé de la capitale est centralisé dans les magasins de
cinq à six grands commerçants chez lesquels à certains
moments il n'est pas rare de voir une montagne de débris de
verre représentant une somme de 30, de 40, de 50 000 francs
de verre cassé! Se figure-t-on le tas que cela représente
cinquante mille francs? Ce verre est trié et nettoyé avant
d'être envoyé à la verrerie. Le triage est opéré par des
femmes qui prennent successivement avec leurs doigts,
chaque morceau de verre et les placent dans des sacs
différents suivant leur qualité ou leur volume. On procède ensuite au lavage d'une façon très simple. On vide
un panier de verre dans une immense bassine remplie d'eau bouillante, une femme armée d'une énorme
cuillère remue le contenu de la bassine. Puis avec une
passoire on retire le verre et on le place dans un tamis

dont le fond est composé d'un grillage en fil de fer. Une
femme prend ce tamis et le trempe dans une cuve d'eau.
Toutes les immondices qui étaient attachées au verre se
détachent et tombent au fond de la cuve, dont l'eau est
fréquemment changée. Notre dessin représente l'opération du lavage du verre dans les ateliers de M. Verdier,
chez lequel, le jour où j'ai visité sa maison, il y avait une
montagne de 1600 mètres cubes de vieux verre cassé.

Ici comme pour le chiffon, c'est le triage et le nettoyage
qui font le prix de la marchandise. Ainsi le verre de carafe
et de gobeletterie, qui est acheté au chiffonnier 6 francs les
100 kilogrammes est revendu 9 francs après cette double
opération. Le verre à vitres, qui est payé 3 francs les 100 kilogrammes, vaut 6 fr. 50 après cette même opération.
Quant au verre à bouteilles, on ne le lave pas, on se contente de le trier, afin d'en séparer la terre et les pierres.

J'ai dit que le chineur, avant d'apporter le contenu de sa
charrette au maître chiffonnier, faisait un classement. Ce
classement a spécialement pour but de mettre de côté deux
produits qu'il revendra à deux industries différentes. Ces
deux produits sont les bouteilles entières non brisées, et
les culots de bouteilles. Les bouteilles entières, celles qui
sont intactes donnent lieu à une industrie particulière, celle
des laveurs de bouteilles.

Le laveur de bouteilles achète toutes les bouteilles, tous
les pots, tous les verres qu'on lui apporte quelles que soient
leur forme, leur taille ou leur état de saleté. Il n'exige
qu'une chose, c'est que l'objet ne soit ni brisé ni ébréché.
Le laveur plonge ces bouteilles et ces vases dans de l'eau
chaude, dans laquelle il a préalablement versé une certaine

Lavage du verre cassé dans les ateliers de la maison Verdier.

quantité d'acide sulfurique, puis il les rince dans de l'eau
propre, les fait égoutter et enfin les classe.

Ce classement est une vraie merveille. Toutes les bouteilles sur lesquelles est gravé le nom d'un industriel ou la
marque d'une fabrique sont soigneusement empilées dans
un coin de la boutique, qui toujours est affecté aux flacons
du même industriel ou aux pots qui portent la même
marque de fabrique. L'alcool de menthe de Ricqlès, le dentifrice du docteur Pierre, la moutarde Bornibus, le vinaigre
de Bully, l'eau de Botot, le vin de Bugeaud, le fluide prin-
tannier de Gellé, la veloutine Fay, le sirop Desessart,
l'huile de ricin de n'importe quelle pharmacie, chaque
flacon, chaque pot, chaque bouteille a sa case spéciale, qui
est plus ou moins grande suivant que le produit a plus ou
moins de vogue. Voulez-vous savoir d'une façon certaine
si telle pommade ou tel vinaigre pour lequel on fait beaucoup de publicité a su conquérir une réelle popularité ?
allez chez le laveur de bouteilles et demandez le vinaigre
ou la pommade en question, c'est-à-dire le pot ou la bouteille ayant contenu ce produit. Si le laveur de bouteilles
hésite, si semblable au bibliothécaire auquel on demande
un livre inconnu, il se gratte l'oreille avant de vous répondre, il est inutile de poursuivre plus loin votre enquête,
le vinaigre ou la pommade dont on vante les qualités à la
quatrième page des journaux est un produit qui n'a pas
réussi, qui ne se vend pas.

Si au contraire, à votre question : « Avez-vous tel flacon ? » le laveur de bouteilles, sans même quitter la cuve
dans laquelle il lave sa marchandise vous répond : « Voyez
à droite, au treizième tas », vous êtes certain de votre

14

affaire. La drogue a réussi, la pommade se vend, le vinaigre a trouvé des acheteurs, et vous n'avez plus qu'à regarder la hauteur du tas pour évaluer l'importance de la vente.

Tous les jours le laveur de bouteilles charge une charrette de sa marchandise et fait sa tournée, c'est-à-dire qu'il va successivement chez tous les industriels dont les bouteilles portent le nom et leur revend leurs flacons ou leurs pots.

Souvent ces pots et ces flacons sont achetés au domicile même du laveur de bouteilles par des industriels qui font la contrefaçon. Vous passez dans la rue devant un de ces bazars provisoires qui s'installent pour un jour dans une boutique en location, une grande affiche imprimée sur calicot attire vos regards : « Vente après faillite, 70 pour 100 de rabais ». Vous vous approchez et dans un étalage à treize sous vous apercevez des flacons d'eau de Cologne, de Jean-Marie Farina et de la poudre dentifrice du docteur Evans. Treize sous, c'est pour rien, il faut savoir saisir une si belle occasion et profiter d'une pareille aubaine, vous faites provision de dentifrice et d'eau de Cologne et ce n'est qu'en rentrant chez vous que vous vous apercevez de la ruse. Vous pensiez avoir acheté un flacon de bonne eau de Cologne et l'on vous a vendu une bouteille portant bien une marque connue, mais ne contenant qu'un peu d'eau et quelques gouttes d'alcool. Quant à votre dentifrice, ce que vous avez de mieux à faire c'est de le jeter dans la rue, car c'est un mélange de farine et de pierre ponce pulvérisée.

Nous venons de voir que le chineur mettait de côté les culots de bouteilles et les tessons de gros verre. Ces débris sont vendus au fabricant de papier de verre qui les achète

à raison de 20 francs les 1000 kilogrammes et les réduit
en poudre à l'aide d'énormes meules semblables à des
pierres à moulin.

L'industrie du papier de verre est une industrie qui a
son importance et qui est localisée dans les grands centres
tels que Paris, Lyon, Bordeaux, Rouen, Marseille, Lille.
A Paris seulement elle emploie quatre cents ouvriers et
ouvrières en y comprenant le personnel affecté à la pulvé-
risation du verre. On fabrique par jour, à Paris, plus de
cent mille feuilles de papier de verre dont le prix varie de
25 à 40 francs les mille feuilles. Pour fabriquer mille feuilles
de papier il faut de 10 à 15 kilogrammes de verre en grains.
Le papier de verre est surtout employé pour polir le bois
et les métaux, mais beaucoup d'industriels aiment mieux
le papier de silex rouge, lorsqu'ils ont à polir des bois durs,
parce que l'angle de coupe du verre est plus friable que
celui du silex.

Pour fabriquer le papier de verre on prend une feuille
de papier de vieux registre sur laquelle on étale une couche
de colle composée de 60 pour 100 de colle de peau de lapin, 35 pour 100 de colle de cornillon, et 5 pour 100 de
colle forte dite colle de nerfs. Lorsque le papier a reçu
cette préparation on le trempe dans un baquet rempli de
verre pulvérisé et de poudre de silex blanc, puis on suspend
la feuille sur une corde afin de la laisser sécher. Le lendemain on repasse sur le papier une couche de colle qui a
pour effet de mieux enchâsser les morceaux de verre ou
de silex. Depuis quelques années on substitue au papier
des vieux registres du papier bulle, qui a plus de consistance.

Il arrive souvent que, malgré le soin que l'on met à ne choisir pour cet usage que du verre très dur, il se glisse dans la quantité du verre blanc, qui sous l'action de la meule se réduit en poudre très fine. Cette poudre ne peut être employée pour le papier de verre, mais elle n'est pas perdue, car on s'en sert dans la fabrication du phosphore pour allumettes chimiques. On l'emploie également dans la composition des pâtes dont on recouvre les boîtes des allumettes amorphes.

On a l'habitude, dans le peuple, quand quelqu'un brise un carreau, de dire que ce malheur profite au vitrier. C'est là une erreur qu'il faut combattre. La destruction d'un objet utile ne peut jamais profiter à la société et le vitrier faisant partie de la société subit sa part de cette perte. Mais on peut se féliciter de voir que, par son génie inventif, l'homme arrive petit à petit à diminuer l'importance de ces pertes en trouvant tous les jours un moyen nouveau d'utiliser au profit de tous des déchets, des débris, des résidus, qui, il y a quelques années, étaient perdus pour tout le monde.

CHAPITRE VII

CHAPITRE VII

LES OS.

Avoir de l'os est une expression familière qui signifie avoir de l'argent. J'ignore quelle est l'origine de cette locution, mais je serais assez tenté de croire qu'elle est empruntée au langage des chiffonniers. En effet, l'os est certainement l'objet qui pour le chiffonnier représente la plus grande valeur. Pour lui, avoir de l'os, c'est avoir de l'argent; aussi lorsque deux chiffonniers se rencontrent au moment où ils rentrent de leur travail, ils ne manquent pas de s'interpeller et de se demander mutuellement : « As-tu de l'os? »

L'os, quelle que soit sa nature, a une valeur marchande connue d'avance, c'est le billet de banque du chiffonnier, et un billet de banque qui ne risque jamais de se transformer en assignat.

On distingue deux qualités d'os : l'os de travail et l'os à brûler. On nomme os de travail *certains* os de bœuf et de

vache qui sont travaillés, c'est-à-dire transformés en objets de brosserie ou de tabletterie ou en boutons.

Les os de bœuf et de vache qui ne servent pas à cet
usage et tous les os sans exception des autres animaux
(chevaux, ânes, mulets, porcs, chèvres, chiens et chats)
vont au brûlage, c'est-à-dire sont employés à faire de la
gélatine, de la colle, du noir animal et de l'engrais.

Les os de travail sont vendus par les chiffonniers 25 francs
les 100 kilogrammes; l'os à brûler ne vaut que 8 francs les
100 kilogrammes. Paris donne 90 000 kilogrammes par
jour d'os de chiffonnier, qui, à raison de 12 francs les
100 kilogrammes (ce qui est une moyenne assez juste),
représentent 10 800 francs par jour. Voilà encore une jolie
somme qui, sans les chiffonniers, serait à peu près perdue.

Il est assez intéressant de connaître l'emploi des différents os. Voici un squelette de vache. J'indique le nom
anatomique des principaux os, le nom sous lequel ils sont
désignés dans le commerce, et l'usage auquel ils sont destinés.

Omoplate ou paleron est employé à faire des		boutons.
Humérus ou cornet	— —	boutons et objets de tabletterie.
Radius ou os à dés	—	brosserie, tabletterie, dés à jouer.
Os du carpe	—	noir animal.
Les deux métacarpiens principaux ou quille plate	sont employés à faire..	brosserie, éventails.
Phalanges	—	noir animal.
Fémur ou os rond	—	tabletterie, brosserie.
Tibia	⋅	brosserie.
Les deux métatarsiens	—	brosserie, éventails, manches à couteaux.

Tous les autres os sont employés à faire du noir ou de
l'engrais

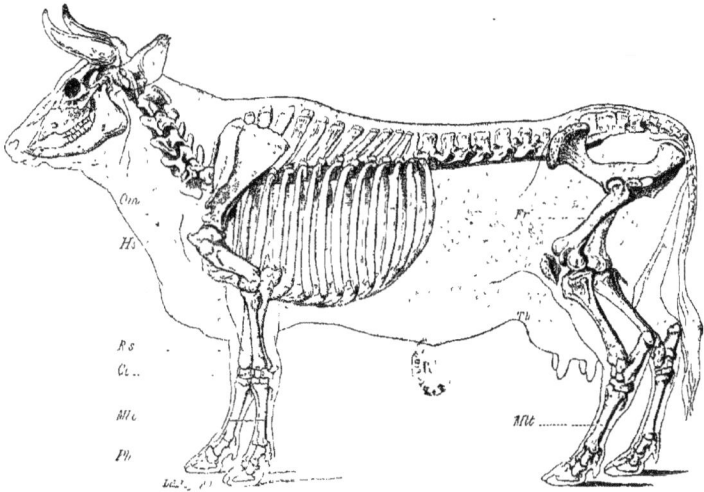

Squelette de la Vache — *Om*, omoplate, — *Hs* humerus, — *Rs*, radius, — *Ce*, carpe. — *Mtc*, metacarpiens. *Ph*, phalanges; — *Fr*, femur, — *Tb*, tibias, — *Mtt*, metatarsiens.

Le coureur ou piqueur, avant d'apporter ses os chez le
maître chiffonnier, commence par retirer avec son couteau
les quelques lambeaux de chair et de graisse qui peuvent
encore y être attachés, et qu'il revendra à raison de 20 ou
de 25 francs les 100 kilogrammes. Il semble que la quantité
de graisse que le chiffonnier peut ainsi retirer de ces os
n'a que fort peu d'importance. Ce serait une erreur de le
croire. Un seul fondeur de graisse, M. Volleraux, qui tient
boutique impasse des Lilas, près le boulevard de la Révolte, et qui achète la graisse que lui apportent les chiffonniers de la cité Foucault, fait pour 150 000 francs d'affaires par an.

Le fondeur place cette graisse dans une chaudière de
cuivre avec de l'eau et une certaine quantité d'acide sulfurique. Il fait bouillir le tout comme un pot-au-feu pendant une nuit entière. Le matin, lorsque le contenu de la
chaudière s'est refroidi, la graisse est montée à la surface
et les résidus sont tombés au fond de la bassine. Cette
graisse sert à faire de la bougie et quelquefois aussi, il
faut bien le dire, du beurre économique, de la margarine
de qualité inférieure, que certaines ménagères emploient
cependant, sans se douter, bien entendu, de sa composition. Quant aux résidus, ils sont utilisés comme engrais.

Os de travail. — Si l'on voulait énumérer tous les objets
que l'on fabrique avec l'os ramassé par les chiffonniers, il
faudrait consacrer à cet article un véritable volume. Le
lecteur qui aurait la curiosité de pousser ses études de ce
côté n'aurait qu'à aller visiter la splendide usine de MM. A.
Dupont et Cⁱᵉ à Beauvais. Voilà une manufacture qui occupe plus de quinze cents ouvriers, qui a sa maison de vente

à Paris et des succursales à Londres, à New-York, à Montréal et jusqu'à Melbourne, qui remue des millions, qui, à Beauvais, couvre, de ses ateliers, une superficie de 40 000 mètres carrés, et qui cependant ne fait presque que travailler l'os qui est ramassé par le chiffonnier.

Mais aussi quel travail! avec quel soin, avec quel goût, avec quel art, avec quel luxe de machines ingénieuses cet os informe est-il transformé en mille objets utiles d'un emploi quotidien !

L'os arrive à l'usine Dupont dans l'état dans lequel le chiffonnier l'a livré. On le fait bouillir afin d'en retirer complètement la graisse, puis on le scie, on le façonne avec des râpes ou grèles, on le passe à la benzine pour le dégraisser complètement, enfin on le soumet, sous des vitrines, à l'action du soleil, qui seul peut le blanchir. Cet os ainsi blanchi est transformé en objets de brosserie, de boutonnerie ou de tabletterie. La fabrication des boutons en os et spécialement du *bouton de troupe* destiné aux vêtements de nos soldats est concentrée dans le département de l'Oise.

« Les os sont d'abord découpés en plaquettes par une scie circulaire; puis ces plaquettes sont présentées verticalement à un outil monté sur l'arbre du tour. L'ouvrier appuie sur la plaquette et y fait entrer l'outil, qui porte deux dents pointues chargées de découper la rondelle devant formr le bouton, pendant qu'une autre partie y creuse les gorges et les baguettes destinées à orner sa surface. Aussitôt que le bouton est tourné, il tombe dans une boîte ou dans une toile située au-dessous du tour, et l'ouvrier, présentant à l'outil une autre partie de la pla-

quette, recommence l'opération. Le polissage des boutons
de luxe s'exécute aussi sur le tour. L'arbre porte une pièce
de bois, ou mandrin, offrant une cavité assez grande pour

Tour à faire les boutons.

recevoir le bouton, mais trop petite pour l'y laisser entrer
tout entier[1]. L'ouvrier l'y place avec dextérité et, pendant
que le mandrin tourne rapidement, il appuie sur le bouton

1. Poiré, *La France industrielle.*

un linge enduit d'une pâte de savon et de blanc d'Espagne .»

Les boutons ordinaires sont polis simplement par le frottement que l'on obtient en enfermant les boutons dans un sac auquel une machine imprime un mouvement de va-et-vient.

Les trous sont aussi percés mécaniquement à l'aide d'un foret monté sur le tour. Quand le bouton doit avoir plusieurs trous, le tour porte plusieurs forets non solidaires l'un de l'autre et tournant ensemble; les trois ou quatre trous sont donc percés à la fois.

Si la boutonnerie emploie les petits os, la brosserie utilise les os de grosse dimension. Malheureusement en France ces os sont rares. L'humérus, le radius, le fémur et le tibia avec lesquels on fabrique de magnifiques manches à couteaux, des éventails, des pattes de brosses, des coupe-papier et bien d'autres objets encore nous arrivent de l'étranger et notamment d'Angleterre et d'Amérique et d'Australie. Sans doute les bœufs français possèdent des radius et des tibias, mais les bouchers ont l'habitude de couper ces os en plusieurs morceaux afin de les vendre à leurs clients au même prix que la viande.

C'est ce qu'on appelle la *réjouissance*. Ce procédé a un double inconvénient; tout d'abord, en dépit de son nom, il ne *réjouit* nullement la ménagère qui craint toujours d'avoir trop d'os dans sa part, et ensuite il diminue des deux tiers la valeur de l'os lui-même. Mieux vaudrait imiter l'exemple d'une grande maison de boucherie de Paris, la maison Duval, qui vend une bonne partie de sa viande sans os, sauf à la faire payer plus cher, et conserve intacts les tibias et les humérus qui sont très recherchés par l'industrie de la tabletterie.

La brosse, quel que soit son usage, qu'il s'agisse d'une
brosse à habits ou d'une brosse à cheveux, à chapeaux, à
peignes, à dents, à ongles ou à barbe, se compose de deux
parties : le manche et la soie. Le manche est destiné à recevoir les soies de porc ou de sanglier.

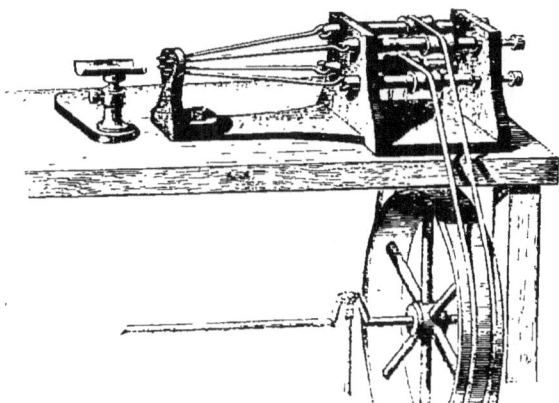

Tour à percer plusieurs trous dans les boutons.

« L'os destiné aux manches de brosse est débité à la scie
circulaire, et les morceaux provenant de ce débitage sont
ébauchés à l'aide d'outils mécaniques, qui leur donnent
grossièrement la forme que doit avoir ce manche; ils sont
finis à la lime, mouillés avec un mélange de savon et de
blanc d'Espagne et polis sur des meules garnies de coton,
qui tournent avec une grande rapidité. Les manches sont
ensuite percés de trous destinés à recevoir les soies : ce
forage se faisait autrefois à la main; aujourd'hui il est
exécuté par des machines qui sont construites avec tant

d'habileté, que le manche disposé sur elles se déplace avec
une régularité parfaite pour venir présenter ses différents
points à l'action des forets. Tantôt les trous sont percés de
part en part, tantôt ils ne traversent qu'une partie de
l'épaisseur.

» Pour les brosses à ongles et certaines brosses à dents,
qui sont ordinairement en os ou en ivoire, on ne perce pas

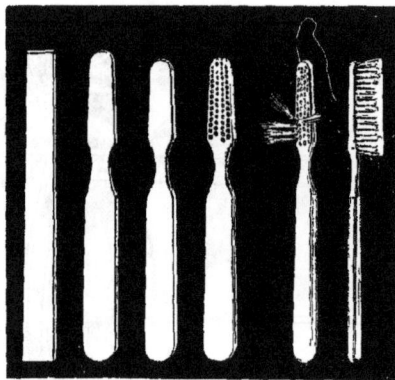

Fabrication des brosses à dents.

les trous de part en part, et chacun d'eux vient aboutir
dans un canal percé longitudinalement; il y a autant de
canaux longitudinaux qu'il y a de rangées de trous trans-
versaux. On engage le fil horizontalement à travers le canal
et, à l'aide d'un petit crochet, l'ouvrière va le chercher au
fond de chaque trou pour le sortir en forme de boucle[1]. »

Lorsqu'il s'agit de transformer l'os en panaches ou brins
d'éventail, on prend des plaquettes d'os qu'on enferme

1. Poiré. *La France industrielle*.

entre deux plaques de métal appelées *calibres*, puis avec la
lime on abat tout ce qui dépasse le calibre.

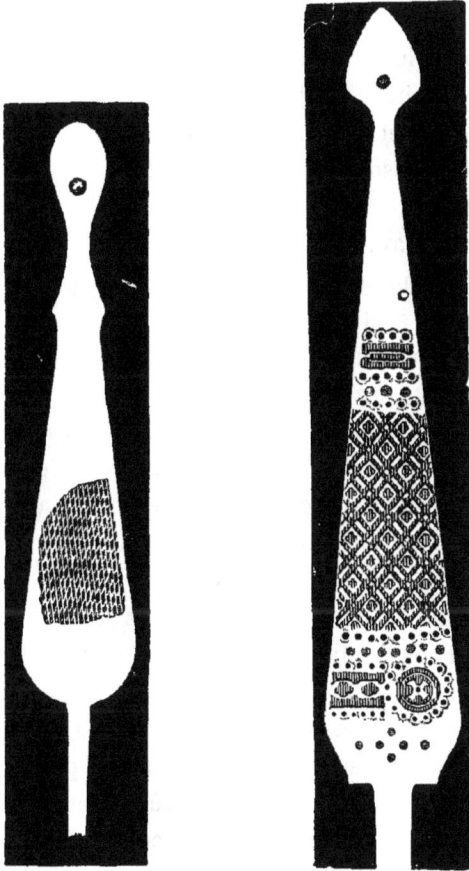

Brins ou pattes d'eventail

La monture d'éventail est ensuite percée à jour ou guil-
lochée et perlée suivant la qualité et le prix de l'éventail.
Lorsqu'il s'agit d'éventails de luxe, on emploie *la grille*,

16

opération qui consiste à faire dans les lames un réseau à mailles excessivement légères.

Avec les os de travail on fabrique encore des boîtes, des dés à jouer, des jetons. des bouts de biberons, des pommes de cannes et de parapluies, des manches de pinceaux à barbe, des grains à chapelets, des branches de mètres et de décimètres, et une infinité d'objets que le commerce parisien désigne sous le nom de tabletterie.

Os a brûler. — Tous les os de bœuf et de vache qui ne peuvent être travaillés et les os de tous les autres animaux, et notamment les os des chevaux provenant de l'équarrissage, sont brûlés.

L'os à brûler donne trois produits : la graisse, la gélatine ou la colle, le noir animal.

Graisse. — Pour obtenir la graisse, on fait simplement chauffer l'os dans l'eau. La graisse se rassemble à la surface et se fige par le refroidissement. Elle est blanchie à la lumière et employée surtout à la fabrication des savons et des pommades.

Gélatine. — Les os sont ensuite traités par l'acide chlorhydrique qui dissout la matière minérale et laisse les tissus cellulaires qu'une ébullition prolongée transforme en gélatine. C'est cette matière qui, faite avec des os de bonne qualité, puis salée et aromatisée, donne un produit assez nutritif, que M. Fremy avait préconisé pendant le siège de Paris. Le prix de revient était inférieur à 1 franc le kilogramme.

Papin avait imaginé un procédé qui a été longtemps employé pour extraire des os cette substance nutritive qu'on appelle l'osséine. Ce procédé, qui reposait sur l'em-

ploi de sa marmite, et qui consistait à faire bouillir les os
à une température de 120 à 130 degrés, a été modifié par
d'Arcet, qui, lui, traite les os par la vapeur d'eau.

Les os de boucherie contiennent environ 30 pour 100
d'osséine, dont une partie se transforme en gélatine par
suite de ces différents traitements. Les bouchers ont réussi
à faire croire aux cuisinières que l'*os fait d'excellent
bouillon*. Eh bien, ce dicton est, sinon absolument erroné,
du moins très exagéré. La vérité est que l'os que l'on met
dans le pot-au-feu n'ajoute pas grand'chose à la qualité du
bouillon. Pour que l'os donne les 30 pour 100 des qualités
nutritives qu'il contient, il faudrait qu'il fût bouilli à une
température de 120 à 130 degrés, et tout le monde sait
qu'avec les marmites en usage pour faire le pot-au-feu, il
est impossible d'atteindre cette température. Mais les os
contiennent 10 pour 100 de graisse, et cette graisse est
extraite par la simple ébullition.

Noir animal. — Quand on a retiré la graisse et la gélatine, on transforme les os en noir animal. L'opération est
fort simple. On entasse les os par fragments dans des marmites en fonte qui peuvent en contenir de 20 à 25 kilogrammes. Ces marmites sont placées les unes sur les autres
dans d'immenses fours, où elles sont chauffées pendant
vingt-quatre à trente-six heures.

Au bout de ce temps, on ouvre la marmite et on trouve
une matière noire qui constitue le *charbon* ou *le noir animal*.
Ce charbon est destiné à divers usages suivant la nature
des os employés. Il porte le nom de noir d'ivoire lorsqu'il
est fait avec des rognures d'ivoire ou de petits os de bonne
qualité parfaitement nettoyés. On l'emploie alors en pein-

ture, après l'avoir, à la sortie du four, réduit en poudre à l'aide de meules en pierre.

Le noir de seconde qualité est employé pour la fabrication des couleurs inférieures ; les fabricants de cirage en font également une grande consommation.

Enfin le noir animal sert à clarifier les sirops, les vins, les liqueurs et à raffiner le sucre.

Phosphore. — Après avoir extrait la graisse et la gélatine on peut, au lieu de transformer l'os en noir animal, le traiter pour en obtenir du phosphore. Dans ce cas l'os, au lieu d'être brûlé dans des marmites, est brûlé au contact de l'air. Les matières animales sont détruites, et il reste un résidu friable qui constitue la cendre d'os. Cette cendre d'os a plusieurs usages suivant sa qualité. La meilleure est employée pour la confection des poudres dentifrices et la fabrication des coupelles destinées à l'affinage de l'argent. On en consomme aussi une certaine quantité dans les verreries pour la confection des verres opaques. La cendre d'os de qualité inférieure est traitée par l'acide sulfurique, puis réduite en pâte par l'incorporation d'une certaine quantité de charbon. Cette pâte est introduite dans des cornues chauffées à une très haute température. Le phosphore s'évapore et vient se condenser dans l'eau. On le purifie en le filtrant sur du noir animal, puis on le moule en longs cylindres, et c'est sous cette forme qu'on le livre à la consommation.

La sciure d'os qui est produite par le travail de la brosserie et de la tabletterie est elle-même utilisée. On la comprime fortement pour en extraire l'eau, puis on la fait sécher et on l'emploie ensuite pour fabriquer les super-

Triage de l'os chez un marchand d'os en gros.
DESSIN REPRÉSENTANT UN ATELIER DE LA MAISON VERDIER.

phosphates et divers engrais chimiques, dont l'agriculture
fait un très grand usage.

Bleu de Prusse. — Quant aux déchets, c'est-à-dire aux
morceaux qui, sans être réduits à l'état de sciure, sont cependant trop petits pour être employés à fabriquer un objet
quelconque, on les mélange avec des débris de corne, de
cuir, de laine. On les calcine en vase clos, comme pour la
fabrication du noir animal, puis on réduit cette matière en
poudre ; on l'arrose avec une solution de carbonate de po-
tasse, on la fait calciner de nouveau pendant huit à dix
heures dans des cylindres en fonte. On laisse refroidir, on
lave à l'eau chaude, et on obtient un liquide qu'on appelle
lessive de sang parce qu'on emploie souvent le sang comme
matière azotée. C'est avec cette lessive qu'on fabrique le
bleu de Prusse, produit bien connu qui est employé pour
la peinture à l'huile, la teinture et l'impression sur papier
et sur étoffes.

Ainsi donc, mesdames, le peigne avec lequel vous dé-
mêlez vos cheveux, la brosse qui vous sert à les relever
gracieusement sur votre front, le cadre du petit miroir
dans lequel vous regardez si vous êtes coiffée à votre gré,
le manche de votre houppe à poudre de riz, votre brosse à
dents, votre poudre dentifrice, votre pommade, votre
savon, les boutons de votre peignoir, les bougies qui
éclairent votre cabinet de toilette... tout cela sort de la
hotte de mon chiffonnier... et qui sait, peut-être que vos
cheveux eux-mêmes, ces jolis cheveux avec lesquels vous
cherchez à donner à votre visage un charme de plus, ou à
réparer des ans l'irréparable outrage, n'ont pas d'autre
origine que l'éternelle hotte de mon chiffonnier.

CHAPITRE VIII

CHAPITRE VIII

LES CHEVEUX

« Eh quoi, cette natte de cheveux si propre, si par-
fumée, que j'ai achetée chez le premier coiffeur de Paris,
et que j'ai payée son pesant d'or, sortirait de la hotte de
votre chiffonnier ! Cela n'est pas possible. Mon coiffeur m'a
assuré qu'il l'avait lui-même coupée sur la tête d'une
jeune fille bretonne.

— Madame, votre coiffeur s'est trompé, ou il vous a
trompée. D'ailleurs, si votre natte avait été coupée sur la
tête d'une jeune fille bretonne, elle perdrait la moitié de sa
valeur; car les cheveux de *chute*, ceux qui tombent naturellement de la tête, ayant toute leur longueur, sont supé-
rieurs comme qualité, solidité et durée aux cheveux de
taille, c'est-à-dire aux cheveux qui ont été coupés avec des
ciseaux à une certaine distance de leur racine.

» Il est possible que vous ayez payé votre natte très cher,
mais ce qui peut vous consoler c'est que, sans la hotte de

mon ami le chiffonnier, vous l'auriez payée encore plus cher; car, sans les chiffonniers, il serait impossible de faire face à la consommation des faux cheveux qui se fait en France. »

L'habitude de porter de faux cheveux est très ancienne. Pendant longtemps les hommes ont cru devoir orner leur tête d'une perruque dont la forme et les dimensions ont varié suivant les époques.

L'empereur Commode portait de faux cheveux qu'il poudrait avec de la raclure d'or, et Ovide nous apprend que les femmes de son siècle savaient au besoin remplacer leurs cheveux absents par des cheveux achetés chez le marchand.

> *Femina procedit densissima crinibus emptis*
> *Proque suis alios efficit œre suos.*

Les Romains connaissaient également l'art de teindre les cheveux. Martial se raille agréablement de Lentinus, qui avait teint en noir ses cheveux afin de paraître jeune ; il lui dit qu'il s'est fait un grand changement dans sa personne, puisque « de cygne qu'il était, il est devenu subitement corbeau ».

> *Mentiris juvenem, tinctis, Lentine, capillis :*
> *Tam subito corvus qui modo cycnus eras.*

Tertullien [1], s'adressant aux femmes chrétiennes de son siècle, leur tient ce langage : « Quel avantage tirez-vous, pour votre salut, de toutes les peines que vous vous donnez pour parer vos têtes? Pourquoi ne laissez-vous pas vos

---

1. Tertullien, docteur de l'Église, né à Carthage vers 160, mort en 245. Il a été surnommé le Bossuet de l'Afrique à cause de l'éclat et de l'énergie de son style.

cheveux en repos? Tantôt vous les lâchez, tantôt vous les
faites boucler, tantôt vous les tenez abattus. Certaines
femmes prennent plaisir à friser leurs cheveux, d'autres
les laissent tomber u leurs épaules par une fausse sim-
plicité. Vous faites encore quelque chose de pis que cela,
vous attachez à vos cheveux naturels je ne sais quelles
énormités de cheveux étrangers, tantôt en forme d'étui
ou de fourreau de tête et tantôt en forme de bourrelet.
Vous appliquez des perruques élevées en rond sur vos
têtes comme si vous vouliez les armer de boucliers. Vous
devriez rougir de parer des têtes saintes et chrétiennes
de la dépouille de quelque tête étrangère et peut-être
criminelle. »

Il faut croire que les conseils de Tertullien n'ont pas eu
beaucoup de succès, car les femmes romaines ont continué
à porter de faux cheveux.

En France, au commencement de la monarchie, il n'y
avait que les rois qui eussent « droit de chevelure », droit
de porter les cheveux longs. En 1521, François Ier malade,
est obligé de couper ses cheveux. Il s'y résigne et en même
temps il laisse pousser sa barbe en pointe suivant l'usage
alors répandu en Italie. Les courtisans imitent cet exemple. Mais voilà qu'en 1620 Louis XIII perd ses cheveux, et,
comme il ne peut se décider à montrer sa calvitie, il se
fait confectionner une perruque. Immédiatement vassaux,
seigneurs et courtisans reprennent la perruque, qui voit
son âge d'or sous le règne de Louis XIV. A la cour du
grand roi il n'y avait peut-être qu'un seul homme qui osât
s'affranchir de l'obligation de porter perruque, c'était Cor-
binelli, professeur d'italien de Mme de Sévigné, qui, avec

ses cheveux courts, amusa le siècle. Pour soigner et entre-
tenir ces perruques, il fallait des hommes spéciaux, et
Louis XIV créa quarante charges de perruquiers qui devaient suivre la cour et donner leurs soins aux nobles
seigneurs qui entouraient le roi. En 1673, le grand roi
forma un corps de deux cents perruquiers pour la ville de
Paris. L'histoire nous a conservé le nom du fameux Binette,
qui avait une réputation européenne et que tout le monde
se disputait alors. Quelques étymologistes prétendent que
c'est au talent que possédait Binette de transformer avec
son peigne la figure d'un homme qu'est due l'expression
très vulgaire « quelle binette », pour dire « quelle figure ».

Le duc d'Orléans, régent de France, imitant l'exemple
de Frédéric Guillaume Ier, supprime la perruque dans l'armée et oblige tous les militaires à porter leurs propres
cheveux noués par derrière en une queue. Cet usage sub-
sista jusqu'à la Révolution française.

Aujourd'hui les faux cheveux ne font plus partie que de
quelques costumes officiels, comme par exemple celui du
président de la Chambre des communes d'Angleterre, qui,
les jours de séance, est obligé de mettre sur sa tête une
perruque semblable à celle que portait Louis XIV.

C'est là une exception, et les hommes, sauf bien entendu
ceux qui sont atteints de calvitie et qui craignent d'avoir
froid à leur crâne, ont renoncé aux faux cheveux. Et encore
parmi les gens chauves, il en est beaucoup auxquels la perruque répugne. Pendant longtemps les ecclésiastiques ont
considéré l'usage de la perruque comme une chose infâme
(*capillamenti et alienæ comæ usus semper infamis in
Ecclesia habitus est*). Ce n'est qu'à partir de 1660 que les

gens d'Église ont été autorisés à porter de faux cheveux.

Les anciens disaient que l'homme qui porte de faux cheveux ne peut inspirer confiance dans le maniement des affaires publiques [1]

Les femmes n'ayant aucune part dans la gestion des affaires publiques ont pensé qu'elles pouvaient bien s'emparer de cette mode que les hommes abandonnaient, et sans vouloir leur faire le moindre reproche il est permis de dire qu'elles en ont usé jusqu'à l'excès.

Aussi la consommation des faux cheveux a atteint, surtout pendant les dernières années de l'empire (il paraît qu'aujourd'hui il y a une tendance à revenir aux coiffures plus simples), des proportions considérables.

Les coiffeurs, naturellement désireux de contenter leur clientèle, ont employé tous les moyens possibles pour se procurer cette matière, dont ils avaient un placement certain et avantageux. Ils ont commencé par parcourir les campagnes de la Bretagne, où, paraît-il, les jeunes villageoises, plus pratiques que coquettes, acceptaient facilement de vendre leurs cheveux pour une pièce de vingt francs. Mais bientôt les villageoises ont haussé leurs prix et un beau jour elles se sont dit que, puisque le bon Dieu leur avait donné des cheveux, elles pouvaient bien, elles aussi, conserver ces cheveux tout comme les grandes dames de Paris.

Les coiffeurs se sont alors adressés aux prisonnières. Mais il paraît que le sentiment de la coquetterie n'a même pas disparu des prisons, et les condamnées, bien qu'obligées par les règlements à cacher leurs cheveux sous un bonnet,

---

1 *In capillis infidum, in rebus gerendis fide dignum esse ne puta.*

n'aiment pas à se dépouiller de cet ornement. Jadis on leur coupait les cheveux obligatoirement. Cette flétrissure, qui était très pénible pour les femmes, et qui, je crois, existe encore en Angleterre où elle a donné lieu à de nombreuses révoltes, a été supprimée en France, et on a eu raison de la supprimer ; car c'était une mesure barbare, qui empêchait la femme libérée de trouver à se caser en sortant de prison. Aujourd'hui l'administration pénitentiaire se contente d'imposer à toutes les femmes détenues une coiffure peu élégante, destinée à leur rappeler leur triste situation. Mais les prisonnières peuvent couper et vendre leurs cheveux si elles le désirent. Elles ne le font pas.

Les coiffeurs, toujours plus embarrassés, sont allés frapper à la porte des hôpitaux. Ils se sont dit que, s'il était difficile d'obtenir qu'une femme prisonnière fît le sacrifice de sa chevelure, assurément cette difficulté n'existerait pas lorsqu'il s'agirait des dépouilles des morts. Ils savaient d'ailleurs qu'à l'époque où les hommes portaient perruque, c'était dans les hôpitaux qu'on récoltait les faux cheveux.

Dans le *Marchand de Venise*, Bossanio dit : « La beauté se vend au poids. Les blondes boucles frisées sont une fausse beauté, elles appartiennent à une autre tête qui repose dans la fosse. »

Malheureusement, pour les coiffeurs, le culte des morts a fait chez nous de grands progrès, et le pauvre qui meurt à l'hôpital est certain que son cadavre sera respecté comme il le serait s'il était mort dans sa propre famille.

Les coiffeurs étaient dans l'impossibilité de satisfaire aux demandes qui affluaient chez eux, plus nombreuses et

plus pressante que jamais, et ils se désolaient de ne pouvoir
trouver une matière première avec laquelle ils réalisaient
de si beaux bénéfices, lorsque les chiffonniers sont venus
a leur aide, et ils se sont mis à ramasser soigneusement ces
petites mèches de cheveux que toute femme retire de son
démêloir après s'être coiffée. Ce petit paquet de cheveux
n'est pas très beau à voir. Les femmes s'en débarrassent
volontiers en les jetant, et elles oublient ou elles ignorent
que ces cheveux reviendront sur la tête après avoir passé
par la boîte à ordures de la maison et par la hotte du
chiffonnier.

On se rend difficilement compte de l'importance de cette
récolte spéciale, qui est faite par les chiffonniers coureurs
ou placiers, et peut-être vais-je étonner plus d'un de mes
lecteurs en lui apprenant que dans la ville de Paris le démêloir retire tous les jours plus de 50 kilogrammes de
cheveux sur la tête de nos mères, de nos femmes ou de
nos sœurs. C'est pourtant un fait certain, et ceux qui
seraient désireux de le vérifier de leurs propres yeux, n'ont
qu'à parcourir les magasins des maîtres chiffonniers; ils y
trouveront des cheveux en quantité suffisante pour en
charger des voitures à bras. A ces cheveux *vivants*, il faut
ajouter les cheveux *morts*, c'est-à-dire les faux chignons,
fausses nattes ou fausses boucles que les femmes perdent
dans la rue. Il existe à Paris quelques chiffonniers spécialistes qui *font* les théâtres, les promenades publiques, le
bois de Boulogne et surtout la plaine de Longchamps les
jours de courses ou de grande revue, c'est-à-dire qui par-
courent les lieux dans lesquels, pour un motif quelconque,
le public s'est rassemblé en grand nombre, et y cherchent

18

les objets qui y ont été perdus : faux cheveux, bijoux, porte-monnaies, mouchoirs, cannes, parapluies, etc. J'ai eu la curiosité de faire une *tournée* de ce genre avec un de ces spécialistes et de parcourir dans la nuit du 14 au 15 juillet 1883 la plaine de Longchamps où avait eu lieu la grande revue. Les chiffonniers qui ont opéré sur ce terrain étaient au nombre de sept, et à eux sept ils ont ramassé vingt-six chignons ou nattes! Je ne parle pas des porte-monnaie, des ombrelles, des bijoux, des jarretières et des bouts de cigares dont je n'ai pas à m'occuper dans ce chapitre.

Mais c'est là une récolte exceptionnelle; la récolte ordinaire est celle que les chiffonniers font tous les soirs en retirant des tas d'ordures les petits paquets de cheveux qui proviennent du démêloir. Le chiffonnier vend ces cheveux à raison de 4 fr. 50 à 6 francs la livre. Sous l'Empire, alors que les femmes portaient des coiffures beaucoup plus compliquées que celles qu'elles ont eu le bon goût de mettre aujourd'hui à la mode, les cheveux du chiffonnier valaient jusqu'à 16 francs la livre.

Le coiffeur prépare ces cheveux. Ce travail comprend plusieurs opérations : le nettoyage, le démêlage, l'égalisage, le classement et le triage.

Pour nettoyer les cheveux, on les roule dans de la sciure de bois, au moyen de laquelle on retire la boue, la poussière, la graisse et toutes les autres immondices. On procède ensuite au *démêlage*, qui s'opère à l'aide d'une carde assez semblable à celle dont on se sert pour carder la laine. L'*égalisage* a pour but de placer tous les cheveux dans leur sens naturel, la tête en haut et la pointe en bas. Les che-

veux une fois nettoyés, démêlés et égalisés, sont *classés*
suivant leur taille et *triés* suivant leur couleur. Il paraît
que la couleur blonde est la plus commune; viennent
ensuite par ordre de rareté les cheveux roux, puis les
rouges, les noirs, les châtains, les gris et les blancs.

Un statisticien a calculé qu'une femme perd en moyenn ,
en se coiffant, un décigramme de cheveux par jour, ce qui
fait 3 grammes par mois, 36 grammes par an. Or une chevelure complète de femme pesant en moyenne de 350 à
400 grammes, il en résulte qu'une femme renouvelle sa
chevelure tous les dix ans.

Grâce aux chiffonniers, ces décigrammes de cheveux
jetés tous les jours dans la rue ne sont pas perdus et ils
servent à confectionner toutes ces jolies nattes que votre
coiffeur, mesdames, vous vend en affirmant qu'il les a lui-
même coupées sur la tête d'une paysanne bretonne; ils
serviront encore à faire ce que *les artistes capillaires* appellent les objets d'art, c'est-à-dire des bracelets, des cordons
de lorgnon, des bagues, des imitations de tableaux.

Vous croyez faire transformer en bracelet les cheveux
de votre enfant ou d'une personne qui vous était chère et
que vous avez perdue, et on vous livre un bracelet qui
contiendra bien peut-être quelques cheveux de cet enfant
ou de cette personne aimée, mais qui contiendra assurément beaucoup de cheveux tirés de la hotte du chiffonnier.

Quant aux cheveux d'hommes, ils ne sont pas bons à
grand'chose. On a essayé de les employer à bien des usages
et toujours on a échoué; cependant il existe en ce moment
un *industriel* qui ramasse ces cheveux par grandes quantités chez les principaux coiffeurs de la capitale.

Qu'en fait-il ?... Je ne sais si je dois vous le dire. Vous insistez pour le savoir ? Eh bien, ces cheveux sont employés à fabriquer les filtres dont on se sert pour clarifier les sirops !...

CHAPITRE IX

CHAPITRE IX

Nous avons vu que les chiffonniers ramassaient les vieux bouchons et les éponges qu'ils trouvent dans la rue et notamment ceux qui proviennent des hôpitaux.

La récolte des éponges n'a qu'une bien faible importance, cependant elle suffit pour faire vivre à Paris quelques centaines d'individus. Ces éponges sont nettoyées, puis blanchies. On les nettoie en les plongeant dans une lessive d'eau chaude dans laquelle on a fait dissoudre des cristaux de soude, et on les blanchit en les passant au chlore. Les éponges fines, après avoir été ainsi préparées, sont retaillées avec beaucoup d'art et d'habileté; on leur donne la forme d'éponges naturelles et quelquefois même on les trempe dans de l'eau de mer afin de leur communiquer cette odeur qui est spéciale aux éponges naturelles.

Quand vous passerez sur le boulevard et qu'on vous offrira pour la toilette de votre bébé de jolies petites

éponges bien blanches et bien parfumées à raison de
10 centimes pièce, méfiez-vous : ce sont des éponges qui
proviennent des hôpitaux ou tout au moins de la hotte du
chiffonnier. Les éponges grossières et les déchets produits
par l'opération du retaillage des éponges fines sont employés à garnir les encriers en porcelaine de bureaux et les
intérieurs de lampes à essence minérale.

Si l'utilisation des vieilles éponges ne présente qu'un
très faible intérêt on ne saurait en dire autant des vieux
bouchons qui donnent lieu à un commerce important. C'est
par centaines de mille que les chiffonniers ramassent tous
les jours les bouchons que nous jetons dans les rues de
Paris. Passez à cinq heures du matin devant un grand
restaurant du boulevard, au moment où le garçon de cuisine jette ses résidus sur la voie publique et regardez
opérer le chiffonnier, vous lui verrez ramasser les bouchons par centaines. Allez dans un hôpital et tâchez d'obtenir que le garçon de salle vous fasse voir le tas de bouchons provenant des fioles à médicaments destinés aux
malades, et qu'il a soigneusement mis de côté afin de les
revendre à un *laveur* : ce tas suffit pour remplir plusieurs
sacs.

Tous ces bouchons sont utilisés. Ils sont achetés soit chez
le maître chiffonnier, soit directement aux infirmiers des
hôpitaux par des *laveurs retailleurs de bouchons*, qui procè-
dent comme je viens de l'indiquer pour les éponges. Les
bouchons sont trempés dans une chaudière d'eau bouillante additionnée d'une faible quantité d'acide sulfurique,
puis séchés à l'air libre, enfin triés et classés suivant leur
taille et leur qualité. Les bouchons de pharmacie qui, en

général, n'ont pas été abîmés par le tire-bouchon, retour-
nent, après ce lavage, chez le pharmacien ou chez le par-
fumeur. Quant aux bouchons *de litre*, c'est-à-dire aux
bouchons de taille moyenne qui ont servi à boucher soit
des bouteilles de vin, soit des bouteilles d'eau minérale, ils
sont affectés à des usages bien divers. Les plus beaux,
ceux qui n'ont été que peu endommagés par le tire-bouchon, sont retaillés et revendus comme bouchons neufs
destinés à boucher des demi-bouteilles. Ceux qui ayant

Support de veilleuse.

Veilleuse faite avec une rondelle
de bouchon.

déjà servi plusieurs fois sont trop *malades* pour qu'on
puisse, à l'aide d'un retaillage, cacher leur provenance,
sont revendus aux fabricants d'encre qui les emploient
pour boucher leurs fioles et aux marchands de vin qui
s'en servent pour boucher des bouteilles de vin qui,
devant être consommées dans la semaine. n'ont nullement besoin d'un bouchage perfectionné.

Quelques chiffres nous donnent une idée des bénéfices
que peuvent réaliser les gens qui se livrent à ce commerce
du nettoyage des bouchons.

Les chiffonniers coureurs vendent les bouchons au
maître chiffonnier 1 franc le mille; les maîtres chiffonniers les revendent 2 francs et le laveur les revend 4 francs
lorsqu'il s'est contenté de les laver et 8 francs lorsqu'il les

a retaillés. Tous ces bouchons ne servent pas seulement à reboucher les bouteilles ; on en emploie une certaine quantité à faire des supports de veilleuses et même des veilleuses destinées à brûler sans support. A cet effet, on coupe le bouchon par tranches de façon à obtenir de petites rondelles au centre desquelles on fixe la mèche.

Les rognures provenant du retaillage ne sont pas perdues et tous les jours on leur trouve un emploi nouveau. Pendant longtemps ces rognures n'ont servi qu'à alimenter le feu de la chaudière dans laquelle le laveur plongeait ses bouchons. Puis on a eu l'idée de les tremper dans de la résine et d'en faire des allume-feu. Depuis quelques années ces débris de liège, après avoir été réduits en poudre impalpable, sont employés à la fabrication des tapis de linoléum et des semelles de chaussures en caoutchouc. Enfin les fabricants d'articles de Paris utilisent ces déchets pour l'emballage des articles fragiles, tels que pendules, articles de verrerie, jouets d'enfants, etc. Le liège a le double avantage d'être très léger et d'amortir, par son élasticité, les chocs que les colis ont à supporter dans le transport.

On emploie également les débris de bouchons pour garnir le sol des manèges dans les écoles d'équitation.

CHAPITRE X

CHAPITRE X

Vous vous souvenez bien de la réponse que me fit un chiffonnier à qui je demandais à quoi servaient les croûtes de pain qu'il ramassait dans le ruisseau :

« Lorsqu'elles sont propres, me dit-il, je les mange, et lorsqu'elles sont sales, je vous les fais manger. »

Les croûtes de pain sont presque exclusivement ramassées par les chiffonniers placiers. Il n'y a pas de ménage, quelque modeste qu'il soit, qui ne laisse perdre un peu de pain. Lorsque ce pain n'est pas trop sale, les cuisinières le donnent au chiffonnier ; lorsqu'il est trop sale, elles le jettent dans la boîte à ordures au fond de laquelle le chiffonnier ira tout de même le chercher.

Une fois rentré dans la cité, le chiffonnier fait le triage de son pain, comme il fait le triage des chiffons ou des os. Tout d'abord il mettra de côté le dessus du panier, c'est-à-dire les croûtes les plus propres, les *plus appétissantes*

Celles-là seront pour lui, c'est le pain avec lequel il trempera sa soupe et celle de sa famille. Si sa récolte est bonne, et pour les placiers la récolte en pain est toujours importante, il revendra des croûtes aux collègues qui n'ont pas de *place*, c'est-à-dire aux coureurs ou piqueurs; il en revendra aussi à tous ces ménages pauvres qui logent dans le voisinage de la cité, et qui ne mangent jamais et ne font jamais manger à leurs enfants d'autre pain que celui qu'ils achètent aux chiffonniers.

Il y a à Paris de petits boutiquiers qui ne peuvent garder leurs enfants chez eux et qui, ne voulant pas les envoyer en nourrice à la campagne où il leur serait difficile d'aller les voir, les confient à de *braves gens* de Clichy ou de Puteaux qui s'engagent à bien soigner le nourrisson. Ces pauvres parents ignorent que leur enfant ne mangera chez ces braves gens que de la bouillie faite avec des croûtes de pain de chiffonnier. Parcourez, le matin, entre sept et neuf heures, le boulevard de la Révolte, vous verrez à tous les coins de rue et dans de misérables boutiques, d'énormes sacs remplis de croûtes de pain. Des femmes arrivent et demandent « deux sous pour le nourrisson ». Pour leurs deux sous elles emportent plus d'une livre de pain. Ce n'est que grâce à ce système que les nourriciers peuvent, pour 25 ou 30 francs par mois, élever un petit Parisien et réaliser un beau bénéfice sur cette modeste pension.

Quand les croûtes de pain sont sales, elles se vendent un sou et quelquefois un demi-sou le litre. On s'en sert pour engraisser la volaille, les lapins et les porcs. C'est avec ces croûtes de pain que le chiffonnier placier nourrit son cheval. La pauvre bête ne mange jamais d'avoine. On lui donne tous les jours six à sept litres de croûtes de pain; si cela ne lui suffit pas c'est à elle à se tirer d'affaire, en broutant, pendant le jour, l'herbe des fortifications.

Mais il arrive quelquefois que les croûtes de pain sont tout à fait sales, elles ont trempé dans le ruisseau, elles exhalent une odeur nauséabonde, les lapins refusent de les manger, les poules, qui cependant ne sont pas difficiles, font la grimace, les canards eux-mêmes les dédaignent. Que faire? Les chiffonniers ont cherché et ils ont trouvé. Puisque les animaux, se sont-ils dit, ne veulent pas manger les croûtes, eh bien, nous les ferons manger aux bourgeois et en effet, toutes ces croûtes sales sont consommées par les bourgeois. Le procédé est bien simple; on traite les croûtes de pain absolument comme s'il s'agissait d'opérer sur du café. Tout d'abord on les place dans un brûloir et on les fait rôtir. Quand elles sont cuites à point on les brise en petits morceaux, puis on les réduit en poudre à l'aide d'un moulin à café. Cette poudre est passée dans un tamis. La partie la moins fine, celle qui ne peut passer à travers le tamis, est vendue pour faire de la chapelure. C'est avec cette chapelure que les restaurateurs du quartier latin saupoudrent leurs jambons de Reims et panent leurs côtelettes à la milanaise. Que voulez-vous? quand pour 90 centimes on donne un potage, deux plats, un dessert et un carafon de vin, il faut bien *aller à l'économie*. D'ailleurs l'étudiant ne se plaint pas trop. Il sait bien que ce qu'on lui sert sous le nom de beurre n'est que de la margarine; il sait bien que ce qu'on appelle lapin n'est que du chat, il sait également que le filet de bœuf est coupé dans le

flanc d'un cheval de fiacre et que le vin qu'on lui fait boire
contient plus de fuchsine que de jus de raisin. Mais il sait
aussi que son repas complet ne lui coûte que 18 sous, et
c'est là pour lui le point essentiel. Peut-être ignore-t-il
que sous le titre de potage croûte au pot et de côtelette
milanaise, on lui fait consommer les croûtes de pain
qu'on n'a pu faire manger aux animaux. Un jour je fai-
sais à la Sorbonne une conférence sur l'industrie des chiffonniers. Au moment où je parlais de cet emploi des croûtes
de pain, un auditeur, ne pouvant plus retenir son indignation, s'est retourné vers son voisin en s'écriant : « Voilà
un conférencier qui ruine le commerce ! » L'interrupteur,
c'était... c'était X, un des principaux restaurateur du
quartier latin, un de ces restaurateurs qui pour 18 sous
vous donnent un repas complet.

Il faut que le commerce des croûtes de pain soit bien
important pour que cet honorable industriel n'ait pu contenir son indigation en entendant révéler les mystères de
sa cuisine.

Cependant, sous forme de chapelure, on ne peut consommer que la mie de pain qui n'est ni trop fine ni trop
brune. Reste donc la poudre absolument noire et impalpable qui provient des croûtes qui ont été calcinées
dans le brûloir. Qu'en faire ? Vous pensez que mes amis
les chiffonniers en sont embarrassés ? ce serait bien
mal les connaître. Avec cette poudre de pain carbonisé on
fait de la poudre dentifrice et de la chicorée que votre épicier vous revendra avec l'étiquette « chicorée extra·». Ici,
« extra » est un abréviatif d' « extraordinaire ».

CHAPITRE XI

CHAPITRE XI

Les chiffonniers ramassent toutes sortes de bouts de papier, depuis le journal que le passant a jeté dans la rue, après l'avoir lu, jusqu'à l'affiche électorale arrachée de la muraille, au cornet graisseux qui a servi à envelopper deux sous de pommes de terre frites, et au papier goudronné dans lequel le magasin de nouveauté a expédié sa marchandise. Le prix varie suivant la qualité. L'affiche électorale vaut 1 fr. 50 les 100 kil. ; le papier bulle 3 francs lorsqu'il est sale et 10 francs lorsqu'il est propre, le papier goudronné se vend 6 francs les 100 kil. Ce sont là les prix qui sont payés aux chiffonniers, mais tous ces papiers acquièrent une valeur considérable par le triage et le classement. Pour donner une idée de l'importance de ce travail du triage, il suffit de dire que les femmes qui l'opèrent doivent toucher chaque bout de papier avec un bâton de verre trempé dans de l'acide nitrique.

Si, sous l'action de l'acide, le papier jaunit, c'est que ce papier est fait avec des pâtes de bois ou de paille. S'il ne jaunit pas, c'est une preuve qu'il est fait avec du chiffon et par conséquent qu'il est d'une qualité supérieure.

Cette distinction une fois établie entre le papier de chiffon et le papier de bois, on sépare et on classe tous les vieux papiers, d'après leur couleur et leur état plus ou moins grand de saleté. Lorsqu'un tas contient 200 kil. de marchandise on le comprime à l'aide de machines hydrauliques et on le réduit ainsi a l'état de ballots que l'on maintient avec de vieux cercles de tonneau en fer. Les chiffonniers ramassent tous les jours dans les rues de Paris 45000 kil. de papier, qui, en prenant comme moyenne le prix de 3 francs les 100 kil. représente 1350 francs par jour. Au papier de chiffonnier, il faut ajouter les quantités encore plus considérables de papier vendu par les garçons de bureaux, par les administrations de journaux et par les particuliers.

Tous ces vieux papiers servent à faire du papier neuf, du carton, du carton-pâte et du *papier-mâché* avec lequel on fabrique des moulures pour plafonds d'appartements et des baguettes pour cadres. Mais ce sont surtout les affiches et notamment les affiches électorales que l'on transforme en carton-pâte. Veut-on savoir combien, dans une seule année, les cas d'élections exceptés, Paris consomme d'affiches? Nous n'avons qu'à ouvrir la statistique municipale et nous y verrons qu'à Paris il y a 400 emplacements destinés à l'affichage public et que ces 400 emplacements reçoivent par an 1325315 affiches, ce qui fait une moyenne de 3631 affiches par jour.

Que de mensonges, que de réclames éhontées, que de
paroles inutiles, imprudentes ou dangereuses ! Mais que
sera-ce lorsqu'on traversera une période électorale, alors
que toutes les murailles, tous les arbres, tous les becs de

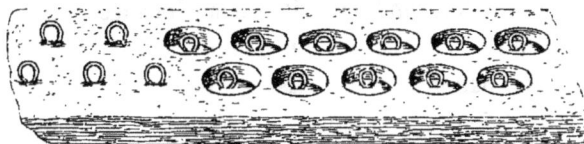

Fabrication des boutons de papier.

gaz, tous les monuments publics seront couverts d'affiches,
proclamant les qualités incomparables du candidat et les
tares de son adversaire. Des élections générales à Paris,
quelle aubaine pour les chiffonniers ! Pensez-donc, le lendemain du scrutin, une armée d'employés de la ville net-

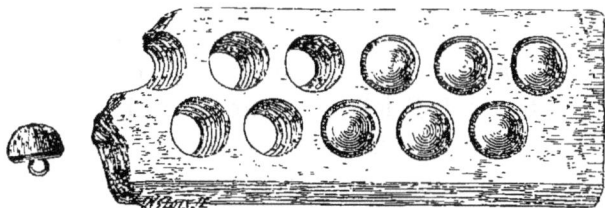

Fabrication des boutons de papier.

toient les murailles, aux frais des contribuables, et le chiffonnier n'a même pas la peine d'arracher les affiches ; il
n'a qu'à se baisser pour ramasser cette manne précieuse
dont il remplira sa hotte. Je ne veux pas me demander ce que
deviennent toutes ces promesses de candidats, mais j'ai eu
la curiosité de rechercher ce que pouvaient bien devenir ces

masses d'affiches, ces professions de foi, ces déclarations, protestations, réponses et répliques qui, le lendemain du scrutin, jonchent le sol des rues de la capitale. On en fait du carton-pâte. C'est fort bien, mais que fabrique-t-on avec ce carton-pâte? On fabrique des poupées, ces poupées hideuses que l'on vend pour deux sous dans les bazars, et on fabrique surtout des boutons de bottines. J'ai vu expédier de Paris, par la gare de l'Est, d'immenses ballots de papier. C'étaient les affiches des dernières élections générales; on les envoyait dans le département de Meurthe-et-Moselle où on les transforme en boutons à bottines.

Pour faire ce bouton, on commence par fabriquer des feuilles de carton de l'épaisseur du bouton. Ces feuilles sont coupées en bandes, elles sont présentées à une machine qui perce le trou pour la queue, et fixe la queue dans ce trou. Un coup de levier suffit pour estomper le bouton et le rogner.

Les queues de boutons à bottines sont fabriquées à l'aide d'une machine inventée par M. Bapterosse, et fort bien décrite par M. Poiré : « On enroule un fil métallique autour de deux tiges en laiton, séparées par une lame plate de cuivre, on pose le tout entre les cannelures de deux cylindres qui dépriment le fil entre la lame et le forcent à contourner la tige en laiton; on retire ensuite la règle plate *pp* et on coupe le tout par le milieu; on a ainsi autour de chaque tige de laiton autant d'anneaux à queues qu'il y avait de spires dans la spirale métallique, c'est-à-dire cinq à six cents. » Les queues Q de ces anneaux sont enfilées dans les trous à l'aide d'une machine. Il suffit de secouer la bande de carton pour en faire tomber les boutons.

Ce bouton, ainsi formé, est durci dans des étuves chauffées à 150 degrés. On le vernit soit à la main, soit dans un
tonneau, suivant la qualité. Après chaque couche de couleur on remet les boutons dans l'étuve pour les sécher.

Une machine produit 75000 boutons par jour, dont le

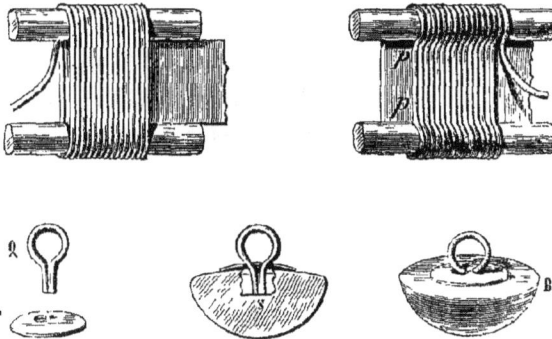

Fabrication de boutons de papier.

prix de vente est de 1 fr. 50 la masse. Une masse contient
douze grosses, c'est-à-dire 1728 boutons !

MM. Adt frères, qui possèdent, à Pont-à-Mousson
(Meurthe-et-Moselle) et à Forbach (Lorraine), deux usines
modèles dans lesquelles ils occupent 1800 ouvriers, fabriquent cinq millions de boutons par jour.

Cinq millions par jour de boutons de papier ! Que dirait
Colbert, s'il pouvait revenir en ce monde, lui qui, pour
protéger une corporation qui fabriquait des boutons à la
main et, par conséquent, les vendait fort cher, interdit
à tout teinturier de teindre, à tout marchand de vendre
des boutons non faits à la main !

« Il y eut des boutons auxquels on n'avait rien à repro-

cher sinon de n'avoir pas été faits à la main, saisis et
brûlés, et des marchands condamnés à cinq cents livres
d'amende pour en avoir vendu. Il y eut même des particuliers condamnés à trois cents livres pour le seul crime
d'en avoir porté sur leurs habits, et, comme cette punition
paraissait trop légère, en 1700, on éleva pour eux l'amende
à cinq cents livres comme pour le marchand.

« Un fripier avait dans sa boutique un vieux justaucorps
de drap rouge et une vieille culotte de ratine, couleur pain
d'épice. Il eut l'idée de remettre à ces vêtements des boutons recouverts d'étoffe pareille. Sur la demande des pas-
sementiers-boutonniers, on saisit la culotte et le justaucorps : « Les boutons d'étoffe qui sont sur iceux seront
coupez et jettez », et le marchand fripier est condamné « en
vingt livres d'amende et aux dépens, dommages et intérêts
pour avoir contrevenu aux ordonnances sur la matière[1] ».

Aujourd'hui il n'y a plus d'ordonnance sur la matière ;
chacun travaille à sa guise et tout le monde s'en porte
bien. Si M. Adt eût vécu du temps de Colbert, on l'aurait
mis au pilori pour avoir fait un genre de boutons que les
règlements n'avaient pas prévu. Mais M. Adt a le bonheur
de vivre en l'an de grâce 1884, et au lieu de le mettre au
pilori, on le félicite et le gouvernement lui décerne des médailles à toutes les Expositions.

Le carton-pâte ne sert pas seulement à fabriquer les
boutons de bottines et de pantalons. On l'emploie encore
pour faire l'article laque, les services de table, les plateaux,

---

[1] Levasseur, *Histoire des classes ouvrieres en France.*
Voir aux annexes une sentence du lieutenant général de police de Paris du
4 juin 1700, relative à la fabrication des boutons à la main.

les corbeilles, les ramasse-miettes, les brosses, les ronds de
serviettes, les coffrets et les boîtes à bijoux et à gants, les
tabatières, les étagères, les guéridons, les services de fumeurs, les articles de ménage, seaux, pots à eau et mille
objets qui se vendent couramment sous le nom d'articles
du Japon et qui viennent tout simplement de Pont-à-Mousson. Avec le carton-pâte, MM. Ad font des panneaux déco-
ratifs d'appartement d'un goût exquis et avec lesquels on
décore les intérieurs des wagons de luxe des grandes compagnies de chemins de fer. Il existe, à Paris, des biblio-
thèques particulières, des salons, des boudoirs, dont les
murailles et les plafonds sont recouverts de panneaux dé-
coratifs mobiles fabriqués, par MM. Adt, avec du carton-
pâte. Depuis quelques années MM. Adt font avec ce carton
des roues de chemin de fer. Il y a, en Allemagne, plusieurs
centaines de wagons qui roulent avec des roues de carton-
pâte. Ce carton est tellement comprimé qu'il est plus solide
que le fer et présente, paraît-il, des avantages très sérieux.
La Compagnie des chemins de fer de État étudie, à
l'heure où j'écris ces lignes, l'emploi des roues de carton-
pâte. Si cette industrie continue à progresser, comme elle
l'a fait depuis quelques années, avant peu un grand nombre
de nos meubles seront fabriqués avec du carton-pâte.

CHAPITRE XII

CHAPITRE XII

TUYAUX DE CAOUTCHOUC, JARRETIÈRES, ÉLASTIQUES DE BOTTINES, BRETELLES, HUITRES, ESCARGOTS

En 1736, l'Académie des sciences envoyait au Pérou une commission composée d'académiciens et chargée de mesurer un arc du méridien, afin de résoudre la question alors controversée de la forme de la terre. Ce fut un membre de cette commission, La Condamine, qui envoya en Europe le premier échantillon d'un produit gommeux que les indigènes du Pérou retiraient d'un arbre appelé caoutchouc.

« Cette résine, dit La Condamine dans son rapport, est des plus singulières, tant par l'usage auquel on peut l'employer, que par sa nature, qui est devenue un problème pour les plus habiles chimistes... Dans la province de Quito on enduit des toiles de cette résine, et on s'en sert aux mêmes ouvrages pour lesquels nous employons ici la toile cirée. Les Indiens font de cette résine des figures grossières d'objets de toute espèce ainsi que de belles paumes

qui peuvent être jetées de loin et avec effort par terre ou
contre la pierre, distendues, comprimées sans se briser, et
qui reviennent à leur première forme et à leurs premières
dimensions aussitôt que la force qui les contraignait cesse
d'être en action. On en fait encore des bottines d'une seule
pièce qui ne prennent point l'eau... »

Dès que l'Europe eut connaissance du rapport de La
Condamine, des savants se mirent à l'étude pour rechercher le moyen d'employer ce nouveau produit, et notamment pour en faire des tubes et des appareils de chirurgie.
Cependant jusqu'en 1820, le caoutchouc n'est véritable-
ment employé que pour effacer le crayon, d'où lui est venu
le nom d'*India rubber* (effaceur indien) sous lequel il est
encore aujourd'hui désigné en Angleterre.

En 1822, un fabricant de Manchester, Mackintosh dé-
couvre le moyen d'utiliser l'imperméabilité du caoutchouc
en se servant de cette matière pour recouvrir des vêtements. Au même moment deux Français, Ratier et Guibal,
réussissent à découper le caoutchouc en fils très fins et à
employer ces fils pour la fabrication des jarretières et des
bretelles à la place des spirales de laiton, qui jusque-là
avaient été en usage pour ces sortes d'objets.

Enfin, vers 1842, un Américain, Charles Goodyear, et
après lui un Anglais, Thomas Hancock, découvrent la vul-
canisation du caoutchouc, procédé qui consiste à faire agir
le soufre sur le caoutchouc, à une température très élevée.
Le caoutchouc vulcanisé ne se soude plus avec lui-même
lorsqu'il est fraîchement coupé, et il conserve son élasticité
même lorsqu'il est exposé au froid.

En incorporant au caoutchouc 30 pour 100 de soufre, on

obtient du caoutchouc durci, que les Anglais appellent ébonite.

Grâce à ces découvertes le caoutchouc a reçu et reçoit tous les jours les applications les plus variées. On fait avec le caoutchouc des étoffes imperméables, des chaussures, des plaques pour machines à vapeur, des tampons pour wagons de chemins de fer, des rondelles pour les pompes et les robinets, des tapis de pieds, des ressorts, des tuyaux pour l'eau et le gaz, des jouets d'enfants, des bouts de biberon et une infinité d'appareils de chirurgie et d'objets employés dans la pharmacie.

Avec la gutta-percha, substance qui a beaucoup d'analogie avec le caoutchouc, on fait également des tubes et surtout des enveloppes destinées à isoler les câbles électriques sous-marins.

La gutta-percha est imperméable, elle résiste à l'action des acides, elle peut se mouler aisément sur toutes les formes, et elle garde fidèlement l'empreinte qu'elle a prise. Toutes ces qualités font qu'on l'emploie à mille objets divers ; elle remplace avantageusement l'or dans la composition des râteliers artificiels, elle sert à faire des instruments de chirurgie, des pompes, des tuyaux, des entonnoirs, des récipients destinés à transvaser ou à contenir des acides. On l'emploie encore pour fabriquer des bouées, des ancres, des porte-voix maritimes, et beaucoup d'autres objets qu'il faut préserver de l'action de l'eau salée. Il n'est donc pas étonnant que les chiffonniers trouvent dans la rue une certaine quantité de caoutchouc ou de gutta-percha. A Paris seulement ils en ramassent environ 500 kilogrammes par jour, ce sont des tuyaux de gaz, des jouets d'enfants,

des bretelles, des jarretières, des élastiques de bottines,
des balles, des dessous de bras, des chaussures et enfin
des instruments de chirurgie ou de pharmacie hors d'usage.
Les maîtres chiffonniers payent ces déchets de caoutchouc
environ 10 francs les 100 kilogrammes, et les revendent
45 francs à des industriels qui les réduisent à l'état de pou-
drette et les mélangent avec du caoutchouc neuf, pour faire
des tuyaux à gaz de qualité ordinaire, des tampons de

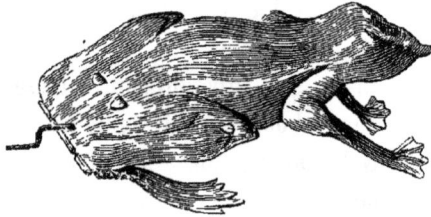

Grenouille dont le mouvement est obtenu à l'aide d'un fil en caoutchouc

chemins de fer, et des tapis qui imitent les grattoirs en
fonte que l'on place devant la porte d'entrée des bureaux.

Les grosses pièces de caoutchouc qui proviennent de la
marine telles que les bouées, les rondelles et les plaques
de machines sont simplement coupées en petits morceaux
et revendues comme gomme à effacer.

Quant au caoutchouc en fil, celui qui se trouve dans l'intérieur des bretelles, des jarretières et des élastiques de
bottines, il est employé pour la confection des jouets d'enfants. Tout le monde connaît ces petites grenouilles en fer-
blanc et ces rats de même métal qui marchent tout seuls
et qui, à l'approche du premier de l'an, sont vendus en si
grand nombre dans les bazars des boulevards. Eh bien,

le mouvement est obtenu à l'aide d'un mécanisme des plus
simples. En tournant une petite manivelle, on tend un fil
en caoutchouc; dès qu'on lâche la manivelle, le fil se détend
naturellement et imprime à la grenouille un mouvement
qui se traduit par une série de petits sauts. Ce fil en caoutchouc provient d'une vieille bottine ou d'une jarretière
ramassée par le chiffonnier.

C'est M. Rossignol qui a eu l'idée d'employer ainsi

Trompette faite avec un escargot ramassé par les chiffonniers.

le vieux caoutchouc. Il n'existe aucun déchet que cet
habile mécanicien ne sache utiliser pour la confection de
ses jouets. Avec la passementerie des épaulettes de soldat,
il fait les manches des fouets d'enfants, avec les plumes de
poulet qu'on trouve en si grande quantité aux halles, il fait
des oiseaux mécaniques. Sous sa main de fée les écailles
d'huître se transforment en petits coffrets, et les escargots,
après avoir servi plusieurs fois chez les restaurateurs, se
métamorphosent en trompettes qui font le bonheur des
enfants et la *tranquillité* des parents.

Enfants, parents, c'est encore à mon chiffonnier que
vous devez et ce bonheur et cette tranquillité.

22

CHAPITRE XIII

CHAPITRE XIII

LES BOUTS DE CIGARES

En 1559, Jean Nicot, ambassadeur de France à Lisbonne, fit connaître à la France la plante du tabac qui, dès le commencement du seizième siècle, avait été importée en Europe par les Portugais.

Le tabac, mis à la mode par Catherine de Médicis, se répand bientôt en France, et son usage, d'abord limité aux gens riches devient rapidement général, si bien que la consommation de cette plante, que les médecins déclarent nuisible à la santé, n'a fait qu'augmenter d'année en année. En 1811, l'État fit de la fabrication du tabac un monopole duquel il retire aujourd'hui des bénéfices considérables.

D'après le compte de 1881, le dernier paru, les recettes de l'administration des tabacs ont été, en 1881, de 355 163 302 fr. 48. Si on en déduit les dépenses qui se sont élevées à 72 059 607 fr. 42, on voit que l'État réalise sur ce monopole un bénéfice annuel de 283 103 695 fr. 06.

Voilà un chiffre considérable qui prouve que les me-
naces des médecins et la propagande de la Société contre
l'abus du tabac (dont plusieurs membres sont d'ailleurs
des fumeurs émérites) n'ont guère d'effet sur la masse
des citoyens français.

Le tabac se consomme sous trois formes différentes. On
le fume, on le prise et... *horresco referens*, on le mâche.
Mâcher du tabac est assurément une habitude bien répu-
gnante. Si les amateurs de tabac à mâcher voyaient préparer les *carottes* et les *menus filés* qui font leurs délices, s'ils
voyaient tremper ces carottes et ces menus filés dans ce
liquide nauséabond qu'on appelle la *sauce*, peut-être renon-
ceraient-ils à leur habitude. Mais il faut croire qu'ils n'ont
jamais mis les pieds dans une manufacture de tabacs
puisque la consommation du tabac à mâcher augmente
tous les jours.

« Qui a bu, boira », dit un vieux proverbe. On peut, sans
craindre de beaucoup se tromper, dire : « Qui a fumé,
fumera », et cela est si vrai, qu'il existe dans le peuple tout
une catégorie de gens qui, ayant fumé et ne possédant plus
les moyens d'acheter du tabac, ne craignent pas de ramasser les bouts de cigares jetés dans la rue pour satisfaire
leur passion.

Le ramasseur de bouts de cigares est un type parisien.

C'est encore un spécialiste qui ne travaille qu'à certaines
heures et ne *fait* que son quartier. Au moment où les cafés
se remplissent de monde, il prend son chapeau et sa
canne, arrive sur le boulevard et commence sa promenad·
journalière. Le voilà qui suit le trottoir, ses yeux sont
fixés à terre, et, dès qu'il aperçoit un bout de cigare ou

de cigarette, il le pique avec le petit crochet qui termine
sa canne et le fait disparaître dans sa poche. En l'aperce-
vant, vous vous apitoyez sur son sort, et le petit employé
de ministère qui lui voit ramasser la cigarette qu'il vient
de jeter après l'avoir cependant fumée jusqu'au bout, se
dit en lui-même : « En voilà un qui est bien malheureux ! »
Erreur, erreur profonde. Le ramasseur de bouts de cigares ne troquerait pas sa position contre la meilleure
sous-préfecture de France. S'il connaît bien son métier, il
doit en vivre et en vivre aisément. J'ai voulu me rendre
compte des bénéfices que peut réaliser un ramasseur de
bouts de cigares et, de même que j'avais chiffonné avec des
chiffonniers, j'ai fait plusieurs excursions avec des ramasseurs de bouts de cigares. J'ai constaté *de visu* qu'un de ces
spécialistes qui opère dans la région de la gare Saint-
Lazare arrivait facilement à ramasser, de quatre à sept
heures du soir, pour 3 francs de tabac. La grande salle des
pas perdus de la gare Saint-Lazare, à l'heure du balayage
général, donne pour près de 6 francs de tabac, une salle de
café-concert rapporte 6 et 7 francs. Devant la Madeleine, les
jours où il y a un grand mariage ou « un gros mort », le
ramasseur de bouts de cigares *trouve* sa pièce de quarante
sous, et, lorsqu'il est habile, il sait trouver une seconde
pièce de quarante sous sur les marches de l'Opéra entre le
second et le troisième acte.

Le ramasseur de bouts de cigares, quand sa récolte est
terminée, commence par faire sa part ; suivant son goût, il
mettra dans sa pipe, soit des bouts de londrès, soit du ca-
poral ordinaire ; puis il préparera le reste pour la vente. Il
s'agit de *parer* la marchandise et de faire des *coupages*. Les

cigarettes sont défaites et le tabac est séché au soleil. Les
bouts de cigares, après avoir été également séchés, sont
hachés en petits morceaux. Le tout est mélangé ensemble
et enfermé dans de petits cornets qui se vendent 10 centimes et qui, si l'on ne considère que le poids, représentent une valeur de 30 centimes environ.

Les ramasseurs de bouts de cigares ont eu à lutter et
contre les garçons de café et contre l'administration des
tabacs. Les garçons de café ont **voulu** les empêcher de
ramasser les bouts de cigares devant le trottoir de leur
établissement. Savez-vous ce qu'ont fait les ramasseurs de
bouts de cigares? ils ont remplacé leur crochet par trois
petits clous plantés au talon de leur soulier. Ah! vous ne
voulez pas que nous piquions un méchant bout de cigarette, eh bien, nous mettrons le pied dessus, et le tour sera
joué.

L'administration des finances qui s'oppose à la vente
des *similaires des tabacs* a voulu empêcher la vente du
tabac fait avec desbouts de cigares, de même qu'elle poursuit et fait condamner les restaurateurs et les cafetiers qui
vendent des cigarettes faites à la main. Mais ici elle a été
vaincue. Les personnes qui achètent le tabac provenant
des bouts de cigares sont des déshérités de la fortune, ce
sont des déclassés sans feu ni lieu, des vagabonds, des
repris de justice, auxquels il sera toujours impossible de
faire payer une amende quelconque.

Aujourd'hui les ramasseurs de bouts de cigares opèrent
en pleine lumière. Ils tiennent marché, le jour, sur la place
Maubert, et le soir, dans les bouges de la rue Galande, de
la rue des Anglais et de la rue Gracieuse. Ne vous apitoyez

donc plus sur leur sort. Le ramasseur de bouts de cigares
a d'ailleurs plusieurs cordes à son arc. De même qu'il sait
s'approvisionner gratuitement de tabac, il sait aller glaner
son charbon sur le quai, le jour où un bateau débarquera sa
marchandise, et faire ses fagots sur le boulevard à l'époque
où l'administration fait tailler les arbres des promenades
publiques. Le temps est-il beau, vous le trouverez sur le
bord de la Seine en train de baigner les chiens; fait-il
laid, le voilà transformé en ouvreur de portières.

En résumé, c'est un fainéant doublé d'un ivrogne, incapable de faire un travail régulier et qui dépense chez le
marchand de vin plus d'argent qu'il n'en faut pour permettre à un homme de vivre honnêtement.

CHAPITRE XIV

CHAPITRE XIV

Depuis une quinzaine d'années les coureurs ramassent avec soin les boîtes à sardines et à conserves, dont l'utilisation et la transformation constituent certainement une des merveilles de l'industrie du chiffonnier. Il n'y a pas bien longtemps, les boîtes à sardines étaient dédaignées ; personne n'en savait tirer aucun profit et elles demeuraient dans es tas d'ordures.

Les boueux les enlevaient dans leurs tombereaux et les transportaient dans la campagne. Là tous les résidus de ménage se transformaient bien vite en fumier. Seule la boîte à sardines résistait à toute putréfaction, faisant ainsi le désespoir des cultivateurs qui, pour s'en débarrasser, étaient obligés de creuser de grands trous dans les chemins et de les y enterrer.

Un jour, un chiffonnier eut une idée bizarre et il songea à utiliser ces boîtes d'une manière originale. Il les remplit de boue, puis les empila les unes sur les autres et éleva ainsi une petite maisonnette qu'il recouvrit avec du papier bitumé. Cette invention, pour laquelle il ne prit aucun brevet, eut, dans son monde, un certain succès, et aujourd'hui il existe un assez grand nombre de huttes habitées par des chiffonniers et dont les cloisons intérieures, celles que la pluie ne peut atteindre, sont construites en boîtes à sardines remplies de terre sèche.

Mais cette manière d'employer quelques boîtes à sardines ne saurait être considérée comme une industrie, et j'ai la prétention de ne parler dans ce livre que du travail qui, par le nombre d'ouvriers occupés et par les capitaux mis en mouvement, constitue réellement une industrie. Eh bien, l'utilisation des vieilles boîtes à sardines est une industrie sérieuse. Je commence par dire que l'expression boîte à sardines s'applique à toutes les boîtes en fer-blanc quelconques, qu'elles aient contenu des sardines, du thon, de la viande, des légumes, des fruits ou des gâteaux. Les chiffonniers vendent ces boîtes 3 francs les 100 kilogrammes aux maîtres chiffonniers. Combien en ramassent-ils de kilogrammes par jour à Paris? Il me serait bien difficile de répondre d'une façon catégorique. Ici les chiffres font défaut. Tout ce que je puis dire, c'est que chez n'importe quel maître chiffonnier on trouve des tas de boîtes à conserves d'une hauteur fort respectable. Tous ces tas sont revendus à des fondeurs qui en amassent dans des terrains vagues des quantités considérables.

Le plus fort acheteur de boîtes à sardines de la capitale est un nommé Drog, qui a sa maison de commerce rue de Crimée. En 1871, Drog, ancien marchand de vin, ruiné

Boîtes à sardines et à conserves dans la boutique d'un chiffonnier.

par la guerre, ne possédait plus un centime ; il se deman-
dait comment il élèverait sa famille, lorsqu'il eut l'idée
d'utiliser les vieilles boîtes à sardines en retirant la soudure qu'elles contiennent. La soudure avec laquelle on
ferme hermétiquement les boîtes à conserves est un mélange d'étain et de plomb qui se vend communément de
1 fr. à 1 fr. 30 le kilogramme.

Pour que l'opération, commercialement parlant, fût
possible, il fallait d'abord obtenir des boîtes à sardines à
bon marché et ensuite trouver le moyen d'extraire à peu de
frais la soudure que ces boîtes peuvent contenir. Drog réa-
lisa ces deux conditions. Les maîtres chiffonniers qui s'é-
taient engagés vis-à-vis des chiffonniers à leur acheter les
boîtes à sardines à raison de 3 francs les 100 kilogrammes,
en eurent bientôt dans leurs magasins des stocks considérables qu'ils livrèrent à Drog au prix de 4 à 5 francs les
100 kilogrammes. La matière première était trouvée ; il
s'agissait maintenant de la traiter avec économie et d'en
tirer tout ce qu'elle peut donner. Voici comment on procède. Sous une immense cheminée on étale une couche de
copeaux de bois, on place par-dessus une couche de boîtes
à sardines, puis une nouvelle couche de copeaux, et l'on
alterne ainsi de suite, jusqu'à ce que le tas ait atteint la
hauteur de plusieurs mètres. Alors on y met le feu. Immédiatement tout ce tas se transforme en un brasier ardent.
On remue les boîtes avec un râteau de fer, de façon à permettre aux copeaux de se consumer complètement. Au
bout de cinq minutes le feu est éteint et voici ce qui est
arrivé. Les boîtes, sous l'action de la chaleur, se sont dessoudées et les trois morceaux qui les formaient, le dessus,

24

le dessous et le tour se sont séparés. Quant à la soudure, elle a coulé le long des boîtes et s'est fixée dans la cendre.

Elle a la forme de gros fragments qu'on enlève facilement à la main. Cette soudure est fondue dans une marmite. Lorsque le métal est en fusion on le prend avec une cuillère et on le coule par terre dans des moules de sable. On arrive par cette opération à retirer une grande partie de la soudure que contenaient les boîtes. On recueille ensuite les cendres, on les met dans un baquet en bois que l'on plonge dans une cuve remplie d'eau. L'eau en débordant entraîne avec elle la cendre de bois et toutes les impuretés légères qu'elle contenait. Les cendres d'étain qui proviennent de l'oxydation d'une partie de la soudure pendant la combustion restent au fond du baquet, par la bonne raison qu'elles sont plus lourdes que tous les autres corps étrangers avec lesquels elles étaient mêlées. Le dessoudeur de boîtes à sardines ne peut pas traiter lui-même ces cendres, car ce travail exige une installation spéciale; mais il vend ce produit 18 et 20 francs les 100 kilogrammes à des industriels qui en retireront la totalité de l'étain qu'il contient. Pour cela il suffit de mélanger les cendres d'étain avec du charbon et de les introduire dans une espèce de grand creuset appelé *cabilot*. Sous l'influence d'un courant d'air puissant ces cendres sont élevées à une température considérable, elles sont réduites et repassent à l'état métallique.

J'ai voulu savoir le bénéfice que le fondeur de boîtes à sardines pouvait tirer de son travail. Je n'ai tenu compte que de la valeur de la soudure sans me préoccuper ni des cendres d'étain, ni du métal composant la boîte elle-même.

Brûlage des boîtes à sardines.

J'ai fait une expérience que chacun de mes lecteurs
peut aisément répéter. J'ai fait brûler dans ma cheminée
40 boîtes à sardines représentant un poids de **5 kilogrammes**. Ces 40 boîtes m'ont donné 645 grammes de soudure.
Donc 100 kilogrammes de boîtes de dimension **moyenne**
doivent produire 12 à 13 kilogrammes de soudure, c'est-à-
dire une somme de 15 francs. En supposant que le fondeur
de boîtes paye sa matière première 5 francs les 100 kilogrammes, il lui reste un écart de 10 francs, représentant
son bénéfice et ses frais. Les frais étant minimes il est
facile de voir que les bénéfices ne sont pas à dédaigner; ils
le sont si peu que l'industriel dont j'ai cité le nom a trouvé
moyen de réaliser en quelques années une jolie fortune en
faisant fondre des boîtes à sardines. Cet industriel vend
chaque année plus de 100 000 kilogrammes de soudure à
1 fr. 10 le kilogramme, et il tire ensuite parti des cendres
d'étain et même des boîtes dessoudées, car dans cette industrie comme dans toutes celles qui se rattachent à l'*art*
du chiffonnier, rien, absolument rien n'est perdu. En effet,
tous les morceaux de tôle qui ont formé les boîtes sont,
après l'opération du brûlage, ramassés, aplatis et nettoyés
pendant qu'ils sont chauds, à l'aide d'un chiffon d'étoupe
avec lequel on étale le peu d'étamage que ces boîtes peuvent
encore contenir. On obtient ainsi des morceaux de tôle,
dont les uns sont étamés tant bien que mal et s'appellent du
blanc, et les autres sont absolument privés d'étain et prennent le nom de plaques noires. Toutes ces plaques, quelles
que soient leur dimension ou leur qualité, sont utilisées.
Le plus grand nombre est employé à la fabrication des
jouets d'enfants.

Paris, de tout temps, a été le centre de cette fabrication.
Chaque année la capitale expédie aux quatre coins du monde
des milliers de petits jouets à un sou qui, pour la plupart,
sont fabriqués avec des boîtes à sardines. Depuis quelques
années l'Allemagne, grâce au bon marché de sa main-
d'œuvre, nous fait sur ce point une concurrence redou-
table, mais cette concurrence n'a trait qu'aux jouets en bois
qui sont fabriqués à la main. Il est évident que l'industriel
parisien qui paye ses ouvriers 4 et 5 francs par jour ne peut
lutter avec son concurrent allemand, qui ne donne que
1 franc ou 1 fr. 25 par jour aux hommes qu'il emploie pour
fabriquer ces animaux aux formes plus que primitives qui
composent les arches de Noé. Mais dès qu'il s'agit de jouets
originaux, de jouets de bon goût, de jouets dans lesquels le
génie inventif de l'homme et le perfectionnement des machines jouent un rôle important, la France a une supériorité incontestable sur tous les autres pays. Ceci est si vrai
que le premier fabricant français de jouets, M. Rossignol,
de Paris, qui, chaque année, vend pour plus d'un million de
jouets à un sou, sans compter les jouets de luxe d'un prix
supérieur, laisse visiter ses ateliers à qui veut les voir.
M. Rossignol ne craint pas la concurrence étrangère, et il
ne la craint pas par la bonne raison qu'il possède ce que
les autres n'ont pas, le génie de l'invention et de la méca-
nique. Et puis la puissance et le perfectionnement de ses
machines sont pour lui un sûr garant de sa supériorité
incontestable sur ses concurrents étrangers. Avec les boîtes
à sardines dont M Drog a retiré la soudure, M. Rossignol
fabrique ces délicieux petits jouets qui font le bonheur
des enfants. Il fabrique ces chemins de fer lilliputiens,

que nos bébés sont si heureux de trouver dans la cheminée
le jour de Noël; il fabrique de petits bateaux, des canons
microscopiques, des chevaux attelés à des camions, des
lanternes, des danseurs de corde et mille autres objets

Cheval découpé dans un couvercle de boîte à sardines.

encore dont la perfection n'a d'égal que leur bon marché.

Chaque année, à Noël, des modèles nouveaux sont lan-
cés dans le commerce. Les fabricants allemands les
copient, mais ils se sont à peine mis à l'œuvre, que le
jouet est démodé; il est remplacé par une autre petite

merveille due au génie inventif du fabricant français.

Presque tous ces jouets sont faits à l'emporte-pièce.
Voici, par exemple, un cheval. Il se compose de trois parties principales : le support et le corps de l'animal, qui
lui-même est formé de deux parties soudées l'une sur
l'autre. Le support, ainsi que notre dessin l'indique, est
coupé, à l'emporte-pièce, dans un couvercle de boîte à
sardines. Les deux parties qui composent le cheval ont été,
par le même procédé, découpées à plat dans une feuille de
zinc, puis moulées sur une matrice en bronze qui lui a
donné la forme du cheval. Il ne reste plus qu'à souder ces
deux parties pour avoir l'animal complet. La grande difficulté consiste à colorer ces jouets. Les boîtes à sardines,
quand elles arrivent chez M. Rossignol, sont rouillées ; or,
quand il s'agit de colorer à l'aide d'une seule couche, de
la tôle rouillée, on ne peut employer que des couleurs vé-
néneuses. Il n'y a qu'une seule couleur qui prenne *facilement* sur la tôle rouillée, c'est le noir; or il est impossible
de ne faire que des jouets noirs. Les enfants aiment les
couleurs vives et d'ailleurs l'emploi de plusieurs couleurs
est nécessaire pour donner au jouet la ressemblance qu'il
doit avoir avec l'objet qu'on veut représenter.

M. Rossignol, ne voulant pas employer de couleurs véné-
neuses, en est réduit à n'utiliser les morceaux de boîtes à
sardines que pour les parties des jouets d'enfants qui
doivent être peintes en noir. Ainsi les supports des chevaux,
les affûts des canons, les locomotives et les wagons à marchandises des petits trains de chemin de fer, etc., sont
fabriqués avec ces déchets. Mais comme il est impossible
d'employer à cette fabrication les quantités effroyables de

boîtes à conserves que tous les jours les chiffonniers ramassent dans la rue, il a fallu trouver un autre moyen de
tirer parti de cette matière première. M. Rossignol a eu
l'idée de s'en servir pour fabriquer les bobèches des lan-

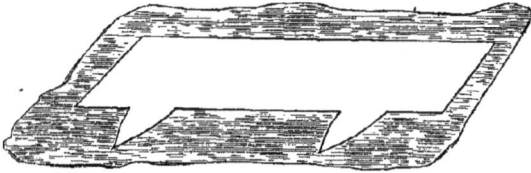

Couvercle de boîte à sardines dans lequel on a découpé le tour d'une bobèche.

ternes vénitiennes. Cette bobèche se compose de deux
morceaux : le *fond* et le *tour;* on découpe les *fonds* dans les
dessus et les dessous de boîtes à sardines, et on emploie
les bandes qui forment les côtés des boîtes à fabriquer les

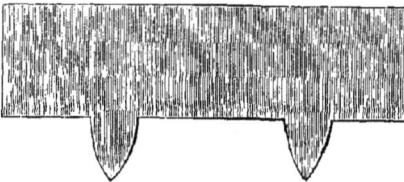

Tour de bobèche découpé dans un couvercle de boîte à sardine.

tours. La fabrication des bobèches de lanterne vénitienne
occupe tout un atelier de la maison centrale de Poissy, et
cela n'étonnera personne quand on songe à l'immense
consommation de lanternes vénitiennes qui se fait en
France le 14 juillet de chaque année. Ces lanternes sont
employées pour les illuminations dans presque tous les
pays d'Europe, et l'année dernière, pendant le mois qui a

précédé les fêtes qui ont été données en Russie à l'occasion
du couronnement du czar, les boîtes à sardines ramassées
dans les rues de Paris et transformées en bobèches de lan-

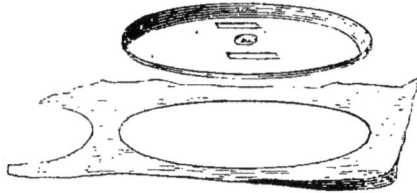

Fond de bobèche découpé dans un couvercle de boîte à sardines.

ternes vénitiennes ont pris, par millions, le chemin de la
Russie.

Dans les vieilles boîtes à conserves on découpe encore les
supports triangulaires pour les veilleuses en carton. Pour
que ce support se soutienne à la surface de l'huile, on

Assemblage des deux parties devant   Bobèche terminée.
composer la bobèche.

pique aux trois points un petit morceau de bouchon qui
lui-même sort de la hotte de notre chiffonnier.

On se sert également des boîtes à sardines pour faire des
clous destinés à la sellerie et aux meubles.

Depuis quelques années les vieux meubles dont le musée
de Cluny contient de si merveilleux spécimens, sont reve-

nus à la mode. Nous aimons à placer dans notre antichambre la grande armoire bretonne avec ses longues fer-

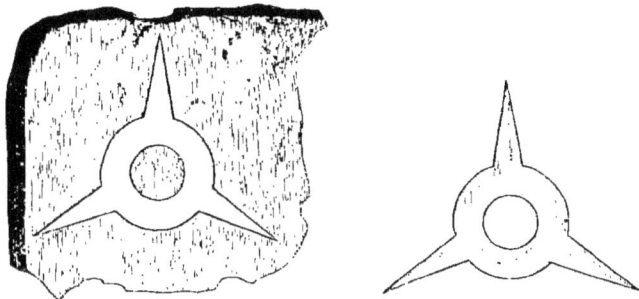

Support de veilleuse découpé dans un couvercle de boîte à sardines.

rures d'acier et à mettre dans notre salle à manger ces
beaux sièges en vieux chêne, recouverts de cuir de Cordoue
et ornés d'une rangée de clous de cuivre. Mais comme ces

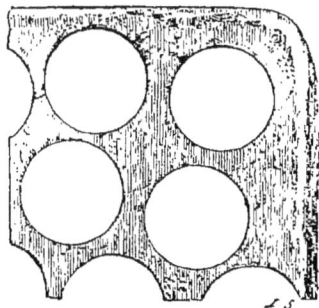

Couvercle de boîte à sardine dans lequel on a découpé des têtes de clous
pour meubles et sellerie.

meubles coûtent cher et que peu de personnes peuvent
s'en payer le luxe, les fabricants ont été amenés à faire de
faux vieux meubles. Le vieux chêne est remplacé par du
chêne moderne auquel on fait une masse de petits trous,

afin d'imiter les piqûres de vers ; à la place du cuir de Cordoue on met du carton-cuir qui joue merveilleusement le
cuir ancien. Quant aux clous de cuivre, ils sont fabriqués
avec des boîtes à sardines.

Ces clous se composent d'une tige ou pointe, à la tête de
laquelle on adapte une rondelle en tôle, puis une rondelle
en carton et enfin un capuchon en cuivre.

La rondelle en tôle est découpée dans une boîte à sardines, et la rondelie en carton, assez semblable à une
bourre de fusil est faite avec du carton-pâte provenant toujours de la hotte du chiffonnier. C'est par le même système
que sont fabriqués les clous avec lesquels on décore les
colliers et les harnais des chevaux de charrette.

Des rondelles en tôle d'un format plus petit sont employées en très grande quantité par les fabricants de boutons d'étoffe. Les boutons noirs pour gilets d'hommes et
les boutons de nos redingotes sont presque toujours montés
sur un rond de boîte à sardines. Enfin les débris de tôle
eux-mêmes ne sont pas perdus. Tout ce qui reste d'une
boîte dans le corps de laquelle on a taillé soit des bobèches, soit des jouets d'enfant, soit des boutons, s'en va à
la fabrique de produits chimiques, où tous ces déchets sont
transformés en sulfate de fer, c'est-à-dire en un désin-
fectant d'un usage quotidien.

CHAPITRE XV

CHAPITRE XV

Les chiffonniers ne se contentent pas de transformer en or et en argent les chiffons, les os, le verre, les bouchons, les boîtes à sardines et tous les débris que nous venons de passer en revue. Ils ramassent encore dans la rue l'or et l'argent. Vous pensez peut-être que je veux parler des pièces de monnaie que des passants ont pu perdre. Erreur. Je parle de l'or et de l'argent non monnayés, que les uns et les autres nous jetons dans la rue, sachant fort bien que ce que nous jetons c'est de l'or et de l'argent. Seulement la quantité que chacun de nous consent ainsi à perdre est si minime, que nous dédaignons d'en tirer parti. D'ailleurs, pour utiliser nous-mêmes cet or et cet argent, il faudrait nous livrer à un travail qui, s'il était fait en petit, ne serait pas compensé par les bénéfices que nous en retirerions. Un cocher de fiacre vient d'éprouver un accident de voiture. Sa lanterne complètement broyée n'est plus bonne à rien ; il l'abandonne sur le pavé, puisqu'il lui est impossible désormais de la faire réparer, et cependant le réflecteur de cette lanterne est argenté et la couche d'argent qui la recouvre représente quelques centimes.

Un officier perd le gland de son sabre, un laquais laisse tomber un bouton de son habit, un bedeau jette un vieux flambeau en bois doré qui ne peut plus tenir sur ses pieds ou un cadre de tableau qui a fini son temps. Une cuisinière dépose dans la rue, avec ses ordures ménagères, les morceaux d'une assiette ou d'une tasse qu'elle a maladroitement brisés et sur lesquels étaient gravées en chiffres dorés les initiales de ses maîtres. Tout cela, c'est de l'or et de l'argent, et il y a, à Paris, trois ou quatre individus dont la spécialité consiste à extraire l'or et l'argent de ces divers objets. Rien de plus curieux que la boutique de ces chimistes, car pour faire ce métier il faut être chimiste et chimiste intelligent. Il y a de tout là dedans.

Voici le coin des boutons dorés ou argentés. Tous les habits brodés de la création ont contribué à former ce tas. Que vous soyez ambassadeur, général, préfet, chef de gare, consul, huissier, suisse, laquais, chasseur, cocher ou groom, vous n'avez qu'à chercher dans ce tas et vous êtes certain d'y trouver un bouton ayant appartenu à l'habit d'un collègue, si ce n'est peut-être à votre propre habit. Sur tous ces boutons il y a un peu d'or ou un peu d'argent et c'est pour cela que le chiffonnier les a ramassés.

Voilà le tas de porcelaine. Une vraie montagne, une montagne formée de débris d'assiettes cassées, de plats fêlés, de soucoupes ébréchées, de tasses sans anses, de

morceaux de cuvettes, de pots ou de vases... ayant servi
à tous les usages.

Tous ces tessons, tous ces débris contiennent une par-
celle d'or. Ici, c'est un simple filet; là, c'est un chiffre ou
un anagramme; sur ce morceau d'assiette, il y a une cou-
ronne ducale, dans ce fond de cuvette, deux petits amours
qui tiennent dans leurs mains une guirlande de fleurs.
Sur d'autres débris de faïence ou de verre on aperçoit des
dessins ou des allégories d'un goût plus que douteux.

Chaque classe de la société a contribué à former cette
montagne, dont aucun géologue ne pourrait déterminer la
nature ni l'origine. La veilleuse dorée de M. le curé, la
cuvette criarde de l'actrice mondaine, la théière sévère de
la vieille douairière, le vase de Sèvres de l'antichambre
du ministère, la carafe vénitienne du riche financier, tous
les services de tables, toutes les faïences, tous les vases de
toilette, tous les bibelots de porcelaine ou de faïence qui
contiennent un atome d'or, viennent, après avoir été
brisés en mille morceaux, se concentrer chez notre chimiste qui trempera tous ces tessons, tous ces débris dans
l'eau régale, puis précipitera le liquide pour en extraire
l'or. La porcelaine, une fois dépouillée du peu d'or qu'elle
contient, est broyée, pulvérisée et transformée en ciment
factice.

Quand ces débris sont *avantageux*, c'est-à-dire lorsque
les morceaux, sous la forme la plus petite, contiennent la
plus grande quantité possible d'or, on peut retirer 4 à
5 grammes d'or de 100 kilogrammes de faïence ou de porcelaine. Tout le talent de l'acheteur consiste à savoir ap-
précier d'un coup d'œil la quantité d'or que peut contenir

le tas de morceaux de faïence qu'on lui offre. Plus il y a de de filets d'or, de chiffres ou de couronnes ducales, plus le bénéfice sera grand.

Pour extraire l'or de la faïence et préparer ses divers bains, notre chimiste a besoin de feu. Ce feu il l'alimente avec de vieux cadres dorés, des chandeliers d'église, des patères d'appartement, des baguettes de salon, des ciels de lit; en un mot, avec tous les objets de bois ayant été plus ou moins dorés. Il suffira ensuite de traiter les cendres du foyer avec du mercure pour en retirer tout l'or qu'elles contiendront.

Grâce à ce spécialiste, l'épaulette de l'officier, la toque dorée du magistrat, la robe aux paillettes d'or de la danseuse de théâtre, les boucles de souliers de l'évêque, les décorations impériales, royales ou républicaines, les pommes de cannes ou de parapluies, les dents orifiées, les râteliers brisés, les filigranes des broderies d'uniforme et jusqu'aux paillons à boutons[1], tout ce qui contient une quantité infinitésimale d'or ou d'argent est traité par des procédés chimiques qui permettent de reprendre cette quantité d'or ou d'argent quelque petite, quelque minime qu'elle soit.

Les *laveurs de porcelaine*, c'est le nom que les chiffonniers donnent à ces chimistes d'un genre spécial, ne se contentent pas d'extraire l'or et l'argent de ces mille objets que le coureur empile dans sa hotte. En général il sont encore *fondeurs d'étain et de plomb*, c'est-à-dire qu'ils achètent

---

1. On appelle paillon des plaques excessivement minces de cuivre recouvertes d'une couche infime d'or ou d'argent et sur lesquelles on coud les boutons de nacre afin de leur donner du reflet.

les menus objets en étain et en plomb que les chiffonniers
ramassent dans la rue en quantité considérable. Il faut
avoir visité la boutique d'un de ces fondeurs d'étain pour
comprendre tout ce qu'il y a de vrai dans le proverbe qui dit
que les gouttes d'eau font les grandes rivières. Tout le
monde sait que les bouteilles d'eau minérale sont recouvertes d'une capsule en étain; tout le monde sait
également que les couleurs qui sont destinées aux
peintres sont renfermées dans des tubes d'étain ou de
plomb; mais peut-être que mes lecteurs ne se sont
jamais demandé ce que deviennent et ces capsules et ces
tubes. Eh bien, ils sont ramassés un à un dans la rue
par le chiffonnier, puis revendus aux maîtres chiffonniers
qui en forment de petits tas; enfin ils sont achetés par les
laveurs de porcelaine qui, lorsqu'ils en ont réunis dans leur
officine une véritable charretée, les refondent et les transforment en lames d'étain ou de plomb, avec lesquelles on
fera et de nouveaux tubes à couleur et de nouvelles capsules à bouteilles d'eau minérale.

Quand, à l'avenir, vous déboucherez une bouteille de
Vichy, de Vals du Busang ou de Contrexeville, vous pour-
rez vous dire, sans crainte de trop vous tromper, que la
capsule qui vante les qualités de votre source, a déjà fait
l'éloge de plus d'une source rivale. L'eau a peut-être
changé, mais la capsule est toujours la même. Elle a passé
d'une bouteille sur une autre en passant par la hotte du
chiffonnier.

CHAPITRE XVI

CHAPITRE XVI

Les vieilles bottines, les souliers éculés, quel que soit leur état d'usure et de vétusté, sont soigneusement ramassés par les chiffonniers. On appelle *brocante* la chaussure qui est susceptible d'être sommairement raccommodée et revendue par les marchands fripiers. Une paire de brocantes est payée au chiffonnier de 15 cent. à 1 fr. 50, suivant son état. Une fois raccommodée, cette paire de vieille chaussure sera vendue au Temple à raison de 2 fr. et de 2 fr. 50 centimes.

Tout ce qui ne rentre pas dans la catégorie de la brocante est destinée au *cambrurier*.

Le cambrurier est un industriel d'un genre particulier. Il démolit les vieilles chaussures et en fait rentrer tous les morceaux dans le commerce.

Un soulier se compose de cinq parties essentielles : l'*empeigne*, la *semelle*, le *talon*, la *cambrure* et le *renfort*.

L'empeigne, c'est le dessus de la chaussure. Elle se fait ordinairement avec du cuir souple et peu épais, et quelquefois avec du drap, de la soie ou de la toile. La *semelle* et le *talon* se composent de plusieurs feuilles de cuir plus épais, clouées les unes sur les autres. On appelle *cambrure* un morceau de cuir très dur, courbé en demi-cercle, que l'on place à l'endroit correspondant à la cambrure du pied. Si la chaussure n'était pas *cambrée*, si elle ne possédait pas de *cambrure* elle serait plate, et le pied n'étant plus soutenu ne tarderait pas à être fatigué. Enfin on nomme *renfort* un morceau de cuir très épais destiné à soutenir le derrière du pied.

Jadis la chaussure était faite à la main. L'ouvrier se servait d'une *forme de bois* qui avait la forme et les dimensions du pied de la personne à laquelle la chaussure était destinée. Sur la face inférieure de cette forme il plaçait une semelle appelée *première*, qu'il battait pour lui faire prendre la courbure inférieure du pied, puis il appliquait et tendait l'empeigne sur le dessus de la forme et la cousait à la semelle. Le marteau jouait alors un grand rôle. C'était l'époque où « le savetier chantait du matin jusqu'au soir » en *battant* la *semelle*.

Aujourd'hui la chaussure faite à la main ne constitue plus que l'exception. A la chaussure *cousue* on a substitué la chaussure *clouée* ou *vissée*, c'est-à-dire qu'au lieu de coudre l'empeigne à la semelle on réunit ces deux pièces entre elles à l'aide de clous ou de vis. Le travail est fait par des machines fort ingénieuses, dont le maniement

n'exige qu'un apprentissage fort court et qui, en deux minutes, produisent une paire de bottines.

L'emploi des machines, en abaissant le prix de revient
des chaussures de cuir, en a vulgarisé l'usage, et bien des

Savetier battant la semelle.

gens qui, il y a vingt ans, ne pouvaient porter que des
sabots, achètent aujourd'hui pour quelques francs une
paire de souliers qui durent beaucoup plus longtemps que
les sabots et ne déforment pas leurs pieds. La nécessité de
jour en jour plus grande de faire du *bon marché*, a donné
l'idée à certains industriel de fabriquer des chaussures
neuves avec les déchets des vieilles chaussures. De là l'industrie du *cambrurier*. Le cambrurier dépèce les vieilles

27

chaussures, classe chaque partie par morceaux de grandeur uniforme, puis les nettoie, les gratte, les rogne et en fait des morceaux *neufs* destinés à reservir dans la confection des chaussures bon marché.

L'empeigne (le dessus de la chaussure) est transformée en contrefort; la semelle recoupée mécaniquement sert à faire des *âmes* de chaussures, c'est-à-dire des morceaux de cuir que l'on coudra entre deux semelles neuves; le talon et les contreforts sont vendus aux fabricants d'engrais.

Lorsqu'il s'agit de chaussures en étoffe, l'étoffe est revendue au marchand de chiffon. Les débris de satins de bottines, de satin de Louqsor servent à recouvrir des boutons, tous les autres débris de soie de laine ou de drap sont effilochés et convertis en laine artificielle.

Les morceaux de cuir tout à fait souples sont transformés en rondelles de parapluies, les morceaux qui ont de la consistance sont envoyés à Méru-sur-Oise, où on les emploie pour en faire des brides de galoches.

Rien n'est perdu dans la vieille chaussure, les élastiques de bottines sont vendus comme caoutchouc, les clous et les vis vont à la vieille ferraille et la *râclure* de cuir ou *crasse* sert à faire de l'engrais ou du cyanure de potassium.

Il existe à la prison de la Santé, à Paris, un grand atelier de démolissage de chaussures. Un camion y arrive toutes les semaines rempli de vieilles chaussures informes ramassées dans le ruisseau de la rue, et ce même camion sort de la prison chargé de semelles, de contreforts et de rondelles qui paraissent neuves, tant elles ont été râclées, nettoyées et redécoupées. Tous ces débris rajeunis rentreront dans la confection des chaussures neuves.

Je pourrais citer un grand établissement de Paris qui
lance tous les jours sur le marché français plus de mille
paires de bottines de femmes, aux formes les plus élégantes mais dans lesquelles il n'entre que des produits qui
proviennent de la hotte du chiffonnier.

L'empeigne est faite avec de la laine renaissance, le contrefort a été taillé dans une vieille empeigne. La semelle
est en carton-pâte. Le cambrion se compose de plusieurs
petits morceaux de carton découpés à l'emporte-pièce dans
un couvercle de boîte ramassé à la porte du Louvre ou du
Bon Marché, collés ensemble, puis cambrés et lissés à la
machine; les boutons sont faits avec des affiches électorales arrachées sur le boulevard le lendemain d'une
élection, et le talon Louis XV... est un vieux morceau de
liège sur lequel on a appliqué une feuille de cuir découpée
dans une visière de casquette de soldat.

Il n'y a de neuf que la boîte dans laquelle le fabricant
enferme sa marchandise, après vous avoir assuré *qu'elle
fera un excellent usage*. Et le fabricant ne se trompe pas, la
chaussure lorsqu'elle sera portée par une parisienne fera
un excellent usage, non parce qu'elle est bonne, mais
parce que la femme parisienne marche avec une légèreté
qu'aucune femme du monde n'a jamais pu égaler. Saint
Simon parlant à la duchesse de Bourgogne, écrivait : « On
dirait une déesse qui marche sur la nue. » Si je ne crai-
gnais de passer pour un vil flatteur, je généraliserais ce
compliment et j'expliquerais ainsi comment l'industrie du
cambrurier, qui tous les jours utilise des déchets d'une
qualité inférieure peut cependant encore exister et prospérer : « *les Parisiennes sont comme des déesses qui marchent sur la nue.* »

CHAPITRE XVII

CHAPITRE XVII

« Paris jette par an vingt-cinq millions à l'eau. Et ceci sans métaphore. Comment, et de quelle façon? jour et nuit. Dans quel but? sans aucun but. Avec quelle pensée? sans y penser. Pourquoi faire? pour rien. Au moyen de quel organe? au moyen de son intestin. Quel est son intestin, c'est son égout.

Vingt-cinq millions, c'est le plus modéré des chiffres approximatifs que donnent les évaluations de la science spéciale.

« La science, après avoir longtemps tâtonné, sait aujourd'hui que le plus fécondant et le plus efficace des engrais, c'est l'engrais humain. Les Chinois, disons-le à notre honte, le savaient avant nous. Pas un paysan chinois, c'est Eckeberg qui le dit, ne va à la ville sans rapporter aux deux extrémités de son bambou, deux seaux pleins de ce que nous nommons immondices. Grâce à l'engrais humain, la

terre en Chine est encore aussi jeune qu'au temps d'Abraham. Le froment chinois rend jusqu'à cent vingt fois la
semence. Il n'est aucun guano comparable en fertilité aux
détritus d'une capitale.

« Une grande ville est le plus puissant des stercoraires.
Employer la ville à fumer la plaine, ce serait une réussite
certaine. Si notre or est fumier, en revanche notre fumier
est or.

» Que fait-on de cet or fumier? on le balaye à l'abîme.

» On expédie à grands frais des convois de navires afin
de récolter au pôle austral la fiente des pétrels et des pingouins, et l'incalculable élément d'opulence qu'on a sous
la main, on l'envoie à la mer. Tout l'engrais humain et
animal que le monde perd, rendu à la terre au lieu d'être
jeté à l'eau, suffirait à nourrir le monde.

» Ces tas d'ordures du coin des bornes, ces tombereaux
de boue cahotés la nuit dans les rues, ces affreux tonneaux
de la voirie, ces fétides écoulements de fange souterraine
que le pavé vous cache, savez-vous ce que c'est? C'est la
prairie en fleur, c'est de l'herbe verte, c'est du serpolet et
du thym et de la sauge, c'est du gibier, c'est du bétail,
c'est le mugissement satisfait des grands bœufs le soir,
c'est du foin parfumé, c'est du blé doré, c'est du pain sur
votre table, c'est du sang chaud dans vos veines, c'est de
la santé, c'est de la joie, c'est de la vie. Ainsi le veut cette
création mystérieuse qui est la transformation sur la terre
et la transfiguration **dans** le ciel.

» Rendez cela au grand creuset, et votre **abondance** en
sortira. La nutrition des plaines fait la nourriture des
hommes.

» Vous êtes maîtres de perdre cette richesse, et de me trouver ridicule par-dessus le marché. Ce sera là le chef-d'œuvre de votre ignorance.

» La statistique a calculé que la France à elle seule, fait, tous les ans, à l'Atlantique par la bouche de ses rivières un versement d'un demi-milliard. Notez ceci : avec cinq cents millions on payerait le quart des dépenses du budget[1]. L'habileté de l'homme est telle qu'il aime mieux se débarrasser de ces cinq cents millions dans le ruisseau. C'est la substance même du peuple qui emportent, ici goutte à goutte, là à flots, le misérable vomissement de nos égouts dans les fleuves et le gigantesque ramassement de nos fleuves dans l'Océan. Chaque hoquet de nos cloaques nous coûte mille francs. A cela deux résultats, la terre appauvrie et l'eau empestée. La faim sortant du sillon et la maladie sortant du fleuve. »

C'est en ces termes que dans *les Misérables*, Victor Hugo commence la description de l'égout de Paris. Le grand poète regrette la perte de toutes ces richesses qui, par les bouches d'égout s'en vont tous les jours à la Seine et de là à la mer. « C'est de cette façon, s'écrie-t-il, qu'on laisse aller à vau l'eau et se perdre dans les gouffres le bien-être de tous. Il devrait y avoir des filets à Saint-Cloud pour la fortune publique[2]. »

Et bien le cri d'alarme poussé par Victor Hugo a été entendu, et les filets de Saint-Cloud qu'il réclamait, ont été établis. C'est à un simple particulier, à M. Souffrice

1. Depuis l'époque où ces lignes ont été écrites, le budget de l'État s'est considérablement augmenté. Il dépasse aujourd'hui le chiffre de 3 milliards.

2 Il y avait à Saint-Cloud, à l'époque où Victor Hugo a écrit ces lignes, un filet destiné à arrêter les cadavres des personnes tombées à la Seine.

que revient l'honneur d'avoir le premier utilisé les richesses que l'égout chasse à la Seine.

M. Souffrice appartient à une famille d'industriels qui, depuis de nombreuses années, ont su faire appel à la chimie pour utiliser les matières perdues. *Utilisation des matières perdues;* c'est la devise commerciale, c'est la marque de fabrique de cette maison, et c'est à ce titre que je dois lui consacrer un chapitre dans ce volume.

En 1836, au moment où la France voyait naître l'industrie des bougies stéariques, la maison Souffrice eut l'idée de traiter les chaux provenant de la saponification des suifs, et les noirs provenant de la décomposition et des fonds de puisards. Dans toutes ces matières il y avait des corps gras qui étaient perdus. M. Souffrice voulut les extraire et les faire rentrer dans la consommation. Il y réussit. Les résultats qu'il obtint engagèrent son fils, et plus tard ses petits-fils à étudier de très près le moyen d'utiliser toutes les matières perdues. Cette étude lui permit de constater que malgré le travail des chiffonniers, Paris perd encore tous les jours des sommes considérables sous forme de détritus qui s'en vont à l'égout.

Si encore toutes ces richesses n'étaient que perdues! mais tout le monde sait que par leur nature ces détritus dégagent des miasmes qui, au point de vue de l'hygiène publique, présentent les plus sérieux inconvénients. M. Souffrice a résolu le double problème d'assainir la capitale sans demander un centime à personne. Il a créé dans les environs de Paris, au Bourget, une immense usine qui occupe une surface de plus de 25 000 mètres carrés. et dans laquelle chaque année, à l'aide d'une installation

des plus ingénieuses une matière jusque-là perdue, vient
se transformer en un produit utile.

Après avoir traité les chaux provenant de la saponification des suifs, la maison Souffrice se mit à exploiter les
épluchures de la boucherie. Les boyaux qui ne peuvent
servir à la confection des cordes de violon, les boudins, les
tendons, les graisses qu'on ne peut débiter à l'étal, la
viande des chevaux provenant des abattoirs des équar-
risseurs, les ergots et les bourres de pieds de mouton, en
un mot tous les organes des animaux dont on ne peut rien
obtenir, sont placés dans d'énormes cuves, et bouillis
avec de la vapeur d'eau à laquelle on ajoute de l'acide
sulfurique. Après la cuisson on trouve dans la cuve des
graisses que l'on place dans un récipient métallique, des
os et de la viande dont j'indiquerai plus loin l'emploi.

En 1868, la maison Souffrice distilla les résidus d'épu-
ration de colza. Plus tard elle eut l'idée de travailler les
vieilles graisses dites *camboui*, et ayant servi au graissage
des wagons. Les compagnies des chemins de fer vendent
chaque année à M. Souffrice pour cent mille francs de
camboui.

Après le camboui on songea à utiliser les chiffons graisseux *laine et coton* avec lesquels on nettoie les machines.
De ces chiffons on extrait la graisse qu'ils peuvent contenir, puis on les *désagrège*. La laine est réduite en poudre
impalpable propre à la fabrication des engrais, et le coton
est conservé dans toute sa longueur pour servir à la papeterie.

En 1863, M. Souffrice créait une industrie nouvelle.
« l'*écumage de la Seine* ».

Les égouts de Paris, ce travail gigantesque qui a coûté plus de dix siècles de travail, qui a consommé des centaines de millions, et tué bien des hommes, se composent de plus de huit cents kilomètres de galeries, dont les eaux vont se déverser dans un grand collecteur qui débouche dans la Seine, près du pont d'Asnières. Toutes les immondices de la capitale, toutes les eaux sales, toutes les loques, toutes les fanges, toutes les pourritures passent du ruisseaux dans les égouts et des égouts dans le grand collecteur où elles forment un véritable petit fleuve qui se jette dans la Seine.

Allez jusqu'au pont d'Asnières et regardez couler, pendant quelques minutes, ce fleuve artificiel, tout ce qui est susceptible de surnager, passera sous vos yeux : brins de paille, bouts de papier, morceaux de bois, bouchons, bouteilles vides, entrailles d'animaux, chapeaux de femmes, casquettes de soldats, toques de magistrats, écorces d'oranges, bouts de bougie, cadavres d'animaux et quelfois aussi d'êtres humains ; tout cela coule enveloppé dans une couche de matière épaisse, noirâtre et graisseuse qui, dès qu'elle rencontre une épave flottante, s'arrête et semble se solidifier. Cette matière, c'est de la graisse, c'est de la graisse qui provient des eaux de cuisine que des milliers de ménagères déversent tous les jours dans les égouts.

M. Souffrice a eu l'idée de recueillir cette graisse. Le long de la Seine, il a établi des batardeaux, c'est-à-dire des poutres qui, placées perpendiculairement au courant du fleuve, arrêtent tous ces brins de paille, tous ces bouchons, tous ces fragments de bois, en un mot, tout ce qui surnage. Des hommes armés de fourches et d'énormes cuillères en-

L'écumage de la Seine.

lèvent ce fumier avec l'écume qui s'est amassé tout autour
et l'entassent dans des voitures.

Arrivés à l'établissement, ces fumiers sont bouillis à
l'eau et à l'acide sulfurique, puis pressés à l'aide d'une
presse hydraulique. Tout ce qui est graisseux, s'échappe
par les trous du cylindre de la presse hydraulique, et va
rejoindre dans la cuve métallique la graisse provenant des
épluchures de boucherie; le résidu, c'est-à-dire la paille,
le bois, les bouchons, les chiffons et le papier sert de
combustible pour alimenter les machines à vapeur.

Les graisses ainsi obtenues, sont traitées par la chaux
et transformées en savon et en glycérine.

La glycérine enlevée, il reste de la stéarine et de l'oléïne
combinées à la chaux, c'est-à-dire des savons. Ceux-ci
sont placés dans des serviettes de laine et soumis à une
pression à froid d'abord, puis à chaud pour obtenir la sé-
paration de l'oléine d'avec la stéarine qui sert à la confection des bougies.

J'ai dit que sur la Seine, on trouve souvent des animaux
morts. L'administration a dû s'occuper de l'enlèvement
de ces animaux dont les corps putréfiés répandent une
odeur nauséabonde. Ce service confié à des agents qui,
naturellement, sont d'un ordre subalterne, coûte fort cher
et n'est pas très bien fait.

Il arrive souvent que les employés chargés de repêcher
et d'enfouir les chiens morts qui se trouvent dans la Seine
à l'intérieur de Paris, se contentent de les transporter par
bateau jusqu'à Billancourt où ils les abandonnent au courant du fleuve. De cette façon ils évitent la peine de creuser une fosse pour y enterrer les animaux. Mais les corps

ainsi laissés à eux-mêmes, ne tardent pas à s'accrocher le long de la berge, à Neuilly ou à Suresnes, de telle sorte que le service municipal de l'enlèvement des animaux morts ne sert qu'à désinfecter Paris pour infecter les communes riveraines de la Seine ; de tout temps il y a eu, à ce sujet, de très vives et très légitimes réclamations.

Aussi, lorsque M. Souffrice, en échange du monopole de l'écumage de la Seine, monopole pour lequel il paye une redevance annuelle, offrit d'enlever tous les animaux morts qui se trouveraient sur le fleuve, depuis Asnières jusqu'à Argenteuil, la préfecture de la Seine accueillit avec empressement cette proposition. La ville de Paris continue à faire elle-même ce service pour la partie de la Seine comprise entre Paris et Asnières. Quelques chiffres que j'emprunte à la stastisque officielle, donneront une idée de l'importance de ce service.

Du 1er mai au 1er octobre 1883, c'est-à-dire dans l'espace de cinq mois, il a été retiré de la Seine, *par les employés* de la navigation :

4.293............	Chiens.
5............	Veaux.
20............	Moutons.
7............	Chèvres.
7............	Porcs.
80............	Volailles.
68............	Chats,
955............	Lapins.
13............	Poissons.
1............	Singe.
1............	Serpent boa.

Le serpent boa a été repêché devant l'esplanade des Invalides où il s'était noyé après s'être enfui d'une ménagerie

Je ne connais pas la statistique qui se rapporte à la
partie de la Seine qui est exploitée par M. Souffrice, mais
si j'en juge par la quantité de chiens, de chats, et surtout
de rats que j'ai pu voir à l'usine le jour où je m'y suis transporté, je dois en conclure que la partie sur laquelle
M. Souffrice exerce son monopole, ne le cède en rien,
comme importance de recette, à la partie dont le service
est confié aux employés de la navigation. Une fois à l'usine,
tous les animaux sont plongés dans une immense cuve de
bois dans laquelle on projette de la vapeur d'eau et de
l'acide sulfurique. Un homme armé d'un immense trident,
refoule au fond de la cuve tous les cadavres que l'ébullition fait remonter à la surface, et qui paraissent se dé-
battre contre la mort. En assistant à cette opération, je me
souvenais, malgré moi, de ces fresques primitives que l'on
aperçoit souvent en Italie, sur la façade des églises de village
et dans lesquelles le peintre représente Satan armé d'un
trident, et repoussant au fond des flammes les âmes des
damnés qui cherchent à sortir de l'enfer.

De tous ces chiens, de tous ces chats, de tous ces rats,
on retire de la graisse. Quant à la chair, elle est mélangée
avec les épluchures d'abattoir, et les débris d'équarrissage qu'on a également commencé par dégraisser, puis
le tout est transformé en engrais.

A l'époque où la peste bovine fit dans les environs de
Paris, de si grands ravages, la maison Souffrice enlevait
jusqu'à 300 bœufs par jour qui, immédiatement dépecés et
cuits aux acides, se transformaient en graisse et en engrais,
sans laisser aucun débris ni aucune trace susceptible de
présenter, par sa nature, un danger quelconque.

29

Toutes ces viandes cuites sont placées en tas, en plein air,
en contact avec les eaux acidulées ayant servi à la cuisson
de toutes les matières animales azotées. La décomposition
s'empare rapidement de ces diverses matières ; au bout
d'un an on ne rencontre plus qu'une espèce de terreau gras
dans lequel on trouve par ci, par là, de petits os et des
lambeaux de tissu fibreux. Ce terreau est remisé sous des
hangars où il entre en putréfaction ; la seconde année
écoulée, on transporte ces tas sous une autre remise où ils
restent encore pendant un an. Au bout de ce temps, on a
une poudre sèche, inodore, qui constitue un engrais titrant
3 à 4 pour 100 d'azote et 4 à 5 pour 100 de phosphate
d'os et qui, vendue par millions de kilogrammes, ira ferti-
liser nos champs.

Il avait bien raison, Victor Hugo quand il disait : « Ces tas
d'ordures du coin des bornes, ces tombereaux de boue cahotés la nuit dans les rues... c'est la prairie en fleurs, c'est de
l'herbe verte, c'est du serpolet et du thym et de la sauge. »
Mais M. Souffrice est allé plus loin et, non content de transformer en stéarine et en bougies les chiens et les chats
pourris, il a voulu tirer parti de la putréfaction elle-même.
Lorsque la viande au sortir de la cuve est répandue sur la
terre, elle entre immédiatement en décomposition. Des
mouches, attirées par cette pourriture arrivent en grand
nombre et déposent des œufs qui donnent naissance à de
petits vers qu'on nomme des *asticots* et que les pêcheurs
emploient pour amorcer leurs lignes. Ces petits vers,
M. Souffrice les ramasse avec soin, il les loge dans un pavi-
lon qu'il a fait construire tout exprès pour eux ; là il les
soigne, il les engraisse, il les élève avec amour, et les livre

Usine Soudrice (transformation des chiens et des chats noyés en graisse à bougie).

enfin aux amateurs de pêche à ligne. L'élevage de ce singulier... bétail ne dure que quelques semaines ; mais il ne
manque pas d'importance, puisque dans la campagne dernière, M. Souffrice a vendu pour 25 000 francs d'asticots !

Dans une seule année la maison Souffrice a produit :

81520 kilogrammes de........	glycérine
424781 —	....	Oléine
838700 —	... .	Stéarine
5000000 —	....	engrais

sans compter les milliards d'asticots qui ont rapporté
25 000 francs.

Tous ces produits, toutes ces centaines de mille francs,
ont été retirés... de l'égout, de l'abattoir, de la Seine. Ce
que la Seine charrie, à certains moments, de richesses,
nul ne peut le dire ; mais un seul fait que je vais citer en
donnera une idée.

Dans les derniers jours de le Commune, au moment où
les troupes de Versailles allaient entrer dans Paris, les
insurgés se sentant perdus, se décidèrent à incendier la
capitale et essayèrent d'exécuter cette œuvre criminelle
Un soir, les Parisiens, réfugiés dans la banlieue, aperçu-
rent tout à coup dans le ciel une lueur sinistre, puis des
flammes, telles qu'on n'en avait jamais vues, s'élancèrent
de tous côtés dans les airs et bientôt, de la terrasse de
Saint-Germain et des hauteurs de Meudon, les Parisiens,
terrifiés, comtemplaient, avec stupéfaction le spectacle
grandiose et terrible de l'incendie de la plus belle cité du
monde. De temps en temps un cri s'échappait de la foule et
une voix étranglée disait : « Ce sont les Tuileries qui brû-
lent, voilà la Cour des Comptes en feu, l'Hôtel de Ville est

en flammes, la Légion d'honneur est prise », et, en effet,
tous ces monuments brûlaient l'un après l'autre, avec
un pétillement sinistre qui s'entendait à plusieurs lieues
à la ronde. Puis ce fut le tour des maisons particulières.
Enfin le feu gagna les entrepôts, les docks et ces immenses
magasins dans lesquels le commerce entasse ces provi-
sions colossales que Paris doit dévorer dans l'année.
L'entrepôt, qui contenait les huiles et les pétroles, fut la
proie des flammes; des magasins remplis de lard ou de
bougies, des baraques, sous lesquelles on avait remisé des
milliers de tonneaux de graisse, tout cela fut détruit, brûlé.
L'huile et la graisse qui ne purent être dévorées par le feu,
se répandirent dans les rues et de là gagnèrent le grand
égout. La Seine, à partir du collecteur d'Asnières, était
couverte d'une couche épaisse d'huile et de graisse.

Pendant plusieurs jours, toutes ces richesses qui, pour
être produites, avaient nécessité tant de labeur, tant d'efforts, tant de dépenses, s'en allèrent tranquillement à la
mer. M. Souffrice voulut arrêter ce Pactole d'un nouveau genre. Mais où mettre cette quantité colossale
d'huile qui se perdait ainsi sans que personne pût en profiter? Il aurait fallu avoir sous la main des navires vides.
Précisément, tout près de l'égout d'Asnière, il y avait des
bateaux à charbon vides ; M. Souffrice se disposait à s'en
servir, lorsque l'officier prussien, qui était de garde à cet
endroit, lui intima l'ordre de laisser les bateaux à leur
place. Il fallut se résigner à voir perdre toutes ces richesses. Il restait à M. Souffrice la possibilité de faire en
petit ce qu'il avait tenté de réaliser en grand. C'est ce qu'il
fit. Il acheta tous les tonneaux qu'il put trouver et les

remplit d'huile qu'il puisa dans la Seine à l'aide d'une grande cuiller.

Du 21 au 24 mai, il récolta ainsi pour 30 000 francs d'huile et, suivant son appréciation, dans ce même laps de temps, la Seine à déversé dans la mer pour plus de deux millions de francs d'huile et de graisse.

Il y a un dernier produit dont la maison Souffrice a su tirer un excellent parti, je veux parler des eaux grasses, des épluchures de légumes et des croûtes de pain qui proviennent des hôpitaux, collèges, casernes et restaurants de Paris. Les épluchures de légumes et les croûtes de pain sont cuites à la vapeur, dans d'immenses cuves, avec un soin et une propreté qui feraient envie à plus d'un restaurant parisien.

On ajoute à la soupe ainsi obtenue les eaux grasses, et on a une excellente pâtée avec laquelle M. Souffrice engraisse des porcs. Quand j'aurai dit que ces épluchures sont payées à l'assistance publique 80 000 francs par an, et qu'elles permettent à M. Souffrice de nourrir annuellement plus de cinq mille porcs, le lecteur aura compris l'importance de cette nouvelle utilisation des matières perdues.

Grâce à la maison Souffrice, le rêve de Victor Hugo est en partie réalisé. La Seine n'apporte plus à la mer la totalité des vingt-cinq millions que Paris jette tous les ans dans ses eaux.

CHAPITRE XVIII

.

CHAPITRE XVIII

LES PEAUX DE LAPIN

Voici encore un produit qui n'est récolté que par le chineur. En effet, les peaux de lapin ne se jettent pas au tas
d'ordures. Elles ont de la valeur, les restaurateurs, les cuisinières et les petites ménagères les mettent soigneusement
de côté pour les vendre directement au chiffonnier chineur.

Le ramassage des peaux de lapin a certainement toujours existé. De tout temps, en effet, on a employé ces
peaux pour en faire des fourrures, mais ce commerce n'est
devenu vraiment important que le jour où la peau de lapin
a servi à fabriquer les chapeaux de feutre.

C'est sous le règne de Charles VI qu'apparaissent les
premiers chapeaux de feutre. On commença par les fabriquer avec des peaux d'agneaux, puis on employa les peaux
de castor. Les chapeliers purent passer de la peau d'agneau
à la peau de castor sans grande difficulté, mais pour faire
un pas en avant dans la voie du progrès et pour passer

du castor au lapin ils durent lutter pendant longtemps et livrer de nombreuses batailles.

C'est, qu'en effet, au dix-septième, siècle les corporations d'arts et métiers avaient chacune des privilèges dont elles étaient jalouses et des règlements qui, sous prétexte de favoriser l'industrie et le commerce, n'aboutissaient à rien moins qu'à les ruiner.

L'*histoire* des chapeaux et les nombreux procès soutenus par la corporation des chapeliers nous en fournissent des exemples bien frappants.

Le castor coûtant fort cher, les chapeliers eurent l'idée de fabriquer des chapeaux dans lesquels il entrait une partie de castor et une partie d'étoffe à poil.

Ces nouveaux chapeaux auxquels on donna le nom de *demi-castors*, avaient l'avantage de coûter moins cher; aussi eurent-ils un très grand succès dans le public. Malheureusement, ils faisaient concurrence à la peau de castor, qui était un produit des colonies et, de plus, le mélange des diverses étoffes était considéré par la corporation comme une falsification ; aussi les demi-castors furent proscrits, en 1664, on imposa pour peine aux fabricants, une amende de 200 livres et la confiscation de la marchandise.

« Les demi-castors n'en furent pas moins goûtés, et les marchands continuèrent à en vendre. La loi s'irrita et institua des peines monstrueusement disproportionnées au délit : ce fut d'abord la privation de la maîtrise, puis la privation de la maîtrise avec une amende de 2000 livres, et la prison en cas de récidive; enfin, une amende de 3000 livres, dont la moitié était donnée au dénonciateur. On aurait puni moins sévèrement un grand crime. Et

pourtant la loi échoua. Elle eut beau marquer d'un sceau
particulier les anciens demi-castors et fixer des délais
pour l'emploi des étoffes de ce genre, fabriquées avant les
ordonnances, on continua toujours à en faire de nouvelles
et, au dix-huitième siècle, l'État fut obligé de tolérer la
vente des demi-castors[1]. »

En 1760, un chapelier de Paris, nommé Leprevost, a
l'idée de fabriquer des chapeaux mêlés de soie et beaucoup
plus brillants que les chapeaux de laine pure. C'était un
progrès sans doute; mais comme de tels progrès n'étaient
pas tolérés à cette époque, le malheureux Leprevost,
malgré les avantages que lui donnait sa charge de chapelier du roi, ne put lutter contre ses confrères qui, au nom
des statuts de la corporation, font irruption dans sa boutique et, dans une seule visite, saisissent 49 chapeaux
comme pièces à conviction et en foulent aux pieds 3171 !!!

Aujourd'hui les chapeliers peuvent fabriquer les chapeaux comme ils l'entendent. Grâce à cette liberté la peau
de lapin a détrôné la peau de castor et a donné lieu à une
grande industrie qui, malgré la concurrence étrangère, est
aujourd'hui encore une industrie prospère.

Au siècle dernier, le fabricant, de chapeaux ramassait
lui-même, ou faisait ramasser dans sa localité, les quantités de peaux de lapin qu'il pouvait trouver, et les transfor-
mait en chapeaux à l'aide de machines primitives. Ce n'est
que le jour où la *couperie de poils*, se détachant de la fabrication des chapeaux, devint une industrie distincte et indépendante, que le ramassage des peaux s'organisa vérita-
blement.

1. Levasseur, *Histoire des classes ouvrieres en France*, tome II.

Dès les premières années de ce siècle les Allemands et les Anglais, nos devanciers, établissaient des couperies de poils. La France, gênée par son système de protection et de prohibition, s'était privée elle-même des bénéfices que ces nations réalisaient avec cette industrie.

. Ce n'est que vers la fin de 1847 que furent enlevés les droits de prohibition d'abord, et de protection ensuite; c'est de cette époque que date l'organisation du ramassage qui, depuis, s'est développé à pas de géants. Paris, qui était le centre des couperies de poils, envoyait des agents dans toutes les directions pour engager les brocanteurs, les chiffonniers, les ramasseurs de vieux verres et autres industriels à récolter les peaux de lapin et de lièvre qu'on laissait perdre pour la plupart.

Les auxiliaires les plus énergiques de ce commerce nouveau se recrutaient parmi les Auvergnats qui, aujourd'hui encore, dominent dans le commerce des peaux. Grâce à cette organisation, le ramassage des peaux de lapin s'établit bientôt dans la France entière. En 1847, les couperies de poils de Paris, travaillait deux millions et demi de peaux. Les couperies de province consommaient une quantité à peu près égale. Qui aurait pu croire que, de nos jours, on ramasserait environ 80 millions de peaux en France seulement?

Toutes les autres nations ont progressé dans les mêmes proportions. L'Angleterre qui, en 1847, ne faisait récolter par ses Irlandais que 10 à 12 millions de peaux, en

---

1. J'emprunte ces chiffres et ces renseignements a une note fort intéressante qui m'a été fournie par M. de Clermont qui dirige à Paris une des plus grandes maisons qui font le commerce des peaux de lapin.

Intérieur d'une boutique de marchande de peaux de lapin.

ramasse aujourd'hui 25 à 30 millions. La Belgique en récolte 12 à 15 millions. Il y a peu d'années un agent d'Europe envoyé en Australie avait de la peine à se procurer,
en Tasmanie, à Melbourne et à Sidney, une quantité suffisante de peaux de lapin pour faire un envoi d'échantillon
à sa maison. Mais l'éveil était donné ; le ramassage s'organisa en Australie, et, depuis, les arrivages se font sans
interruption. En 1884, on a vendu à Londres 12 millions de peaux, dont on ignorait l'existence il y a à peine
six années.

La grande quantité de peaux de lapin et de lièvre
qu'absorbent les couperies de poil et les fabriques de
chapeaux de feutre, en France, en Belgique, en Angleterre, en Allemagne et aux États-Unis, peut se classer à
peu près comme suit :

80 millions (environ) peaux ramassées en France seulement. — Les
neuf dixièmes, provenant des lapins domestiques dits : *clapiers* ;

25 à 30 millions peaux ramassées en Angleterre, fournies presque
exclusivement par les lapins des dunes et des bois dits : *garennes ;*

12 à 15 millions peaux ramassées en Belgique (lapins domestiques
seulement) ;

2 à 3 millions peaux de lièvre ramassées en Russie, Suède et Norwège ;

4 millions peaux de lièvre récoltées en Allemagne. L'Autriche-Hon-
grie retient sa production pour sa propre consommation ;

12 millions peaux de garennes d'Autriche.

L'Espagne et le Portugal produisent également quelques peaux ; mais elles sont de qualité inférieure et sont
consommées par la chapellerie de ces deux pays.

Ces chiffres prouvent que la France occupe la première
place dans le commerce des peaux de lapin. Elle occupe
cette place, non seulement par le nombre des peaux qu'elle

31

produit, mais encore par leur qualité. Il n'existe aucun lapin qui soit comparable au lapin français. Aussi les industriels étrangers ont-ils fait de grands efforts pour acclimater sur leur sol la race française. Tous les essais ont échoué. Le lapin français est bon patriote et, comme son maître, il n'a aucun goût pour la colonisation. C'est en vain qu'on lui a fait un pont d'or. C'est en vain qu'en Belgique et en Angleterre on le cajole et on le dorlote ; c'est en vain qu'on lui a offert une habitation luxueuse et une nourriture choisie. Il a dédaigné tous ces avantages et, lorsque malgré lui, il a été transporté sur une terre étrangère, il n'a pas tardé à succomber à la nostalgie.

Aussi les industriels belges et anglais sont ils obligés de s'approvisionner chez nous de peaux de lapin. Ces peaux, ramassées dans les villes et les villages par les chineurs, vont se concentrer dans la boutique des chiffonniers spécialistes qui les expédient par grandes quantités au coupeur de poil. Le coupeur de poil fait subir à la peaux diverses préparations.

Tout d'abord il procède à l'*étendage*. La peau est retournée, le cuir en dessus et le poil en dedans ; on l'entre après l'avoir légèrement humectée dans la partie conique de la machine à étirer, qui est composée de deux parties. On fait avancer une des parties au moyen du volant et de la crémaillère. La peau est déplissée et étendue. A ce moment un ouvrier spécial, appelé *fendeur*, donne un coup de couteau dans la partie du ventre, afin de l'ouvrir. C'est ce qui s'appelle faire l'*éventrage*.

Après l'*éventrage* vient l'*éjarrage*. Cette opération consiste à enlever le *jarre*, c'est-à-dire la pointe grossière, le duvet ou poil fin servant seul au fabriquant de chapeaux. Ce travail est fait par des femmes.

On procède ensuite au *secrétage*. On brosse la peau au moyen d'une brosse en chiendent trempée dans de l'eau forte dans laquelle on a fait dissoudre du mercure.

Enfin la peau est accrochée dans une étuve et chauffée assez fortement, de façon à pouvoir sécher en peu de temps.

Lorsque la peau a subi toutes ces préparations on l'engage dans la machine à couper, la tête en avant et le cuir en dessous. Le poil glisse sur une plaque en fer-blanc et se maintient comme s'il adhérait encore au cuir, lequel est coupé en fils très fins qu'on nomme vermicelles. Ces fils servent à faire de la colle de peau. Une machine à couper doit couper mille peaux par jour, soit (défalcation faite des dimanches et fêtes), 300 000 peaux par an. Il existe à Paris 35 couperies occupant environ 60 machines. Chaque machine emploie environ 5 ouvriers et 13 ouvrières. Le coupeur gagne en moyenne 8 francs par jour. Le poil de lapin une fois coupé est passé dans la machine à souffler.

Le travail du *soufflage* est une opération spéciale. Les fabricants de chapeaux le font en majeure partie chez eux, à l'aide d'un matériel particulier et assez compliqué, qui exige, pour produire un travail parfait, une série de machines différentes. Le soufflage a pour but :

1° D'épurer le poil *duvet* de toutes les ordures qui auraient pu échapper dans les manipulations décrites plus haut ;

2° D'en extraire le jarre de fond que l'*éjarreuse* ou l'*ébarbeuse* n'ont pu retirer ;

3° De produire un mélange aussi uniforme que possible avec un assemblage de milliers de peaux.

Ce procédé extrait du poil de 10 à 20 pour 100 et souvent plus, de déchets, qui se vendent comme simple engrais.

En 1848, la France exportait en poils de lièvre
et de lapin............................ 58 740 kilogrammes.
En 1849, elle en exportait................. 170 607   —
En 1852,   —   .... 29 7986   —
En 1855,   —   .... 32 1909   —
En 1856,   —   .... 40 4498   —

Ces chiffres prouvent suffisamment la prospérité de cette industrie, qui ne s'alimente pas seulement avec les peaux de provenance nationale, mais aussi avec les peaux récoltées en Allemagne, en Russie et en Angleterre.

Les chapeaux de feutre se fabriquent spécialement à Paris, Aix, Lyon, Bordeaux, Tarascon, Rouen, Chazelles, Fontenay-le-Comte.

Les poils de diverse nature, après avoir été soufflés, sont *arçonnés*.

« L'arçonnage est une opération qui tire son nom de l'outil dont on se sert. L'arçon est un arc de 2^m,50 environ, suspendu à une petite distance d'une table sur laquelle on met les poils. L'ouvrier, en faisant vibrer la corde au milieu de ces poils, les agite et les projette à une certaine hauteur; ils retombent peu à peu, s'enchevêtrent et forment une masse que l'on divise en plusieurs lots ou capades, pour la transformer, par l'opération du *bastissage*, en un tissu ayant la forme d'une cloche. Pour cela, on place une première capade sur une toile mouillée,

Le Bastissage.

appelée *feutrière*; au-dessus, on applique une feuille de papier mouillée, puis la seconde capade, et l'on remplit

Atelier de foule.

la feutrière; en **la** pressant avec les mains, en la pliant et la repliant en tous sens, on commence le feutrage et l'on obtient deux lames de poils feutrés qui ont déjà une certaine consistance. On les réunit par leurs bords et on

les remet en feutrière pour opérer la soudure par un nouveau feutrage. Il faut avoir soin de séparer les deux lames
par une feuille de papier pour les empêcher de se réunir
sur toute leur surface.

» Le ·tissu qui constitue la cloche n'ayant pas encore
assez de consistance, on le porte au foulage. La foule se
compose d'une chaudière remplie d'eau acidulée par
l'acide sulfurique.

» Sur les bords sont disposés des plans inclinés ou
bancs. L'ouvrier trempe son feutre dans l'eau de la chaudière, puis il le place sur son banc, où il s'égoutte, le
presse avec un rouleau de bois, l'arrose d'eau froide et,
pendant quatre heures, continue à le fouler en tous sens,
d'abord avec les mains nues, puis avec les mains garnies
de semelle de cuir [1]. »

Le feutre une fois foulé est placé sur une forme dont
on le force à prendre les contours, puis séché et poli à la
pierre ponce et à la peau de chamois.

Depuis quelques années les peaux de lapin et de
lièvre, malgré leurs défauts, ont pris une place sérieuse
dans la fourrure, grâce à l'invention de la teinture et du
lustrage.

Actuellement on lustre et on vend en France environ
120 000 douzaines de peaux de lapin;

En Belgique : 650 000 douzaines.

Une douzaine de peaux de lapin, apprêtées et lustrées,
coûte au fabricant, au cours moyen, un prix de 23 francs
60 centimes. Cette industrie occupe, en France, 1000 ouvriers et 250 ouvrières.

1. Poiré, *La France industrielle.*

Ainsi le lapin, non content de nous procurer d'excel-
lentes gibelottes et de faire le bonheur du chasseur, qui,

Ponçage des chapeaux de feutre.

dans l'exercice salutaire de la chasse puise de la santé, de
la force et de la bonne humeur, trouve encore le moyen,
grâce aux 80 millions de peaux qu'il nous donne, de faire
vivre toute une armée de *chiffonniers*, de *fendeurs*, d'*éjar-*

reurs, de *secréteurs*, de *tourneurs*, de *coupeurs*, d'*arra-cheuses*, de *monteuses*, d'*éplucheuses*, de *chiqueteuses*, de *teinturiers*, d'*apprêteurs*, de *couturiers*, de *lustreurs*, sans compter le fabricant de machine, le producteur de colle forte et le commerçant, qui, avec ce petit animal, ont su réaliser des fortunes considérables, tout en répandant autour d'eux le travail et le bien-être qui en est la conséquence.

CHAPITRE XIX

CHAPITRE XIX

CRINOLINES, CORSETS, VIEUX CHAPEAUX, PINCEAUX DE SOIE

Je crois avoir fidèlement passé en revue tout ce que contient la hotte d'un chiffonnier. Quand j'aurai dit que les crinolines et les vieux pinceaux donnent du crin avec lequel on rembourre des matelas et des meubles; quand j'aurai dit que les corsets produisent des baleines, qui deviendront ressorts pour jouets d'enfant; quand j'aurai rappelé que le chapeau de soie est immortel, et que de votre tête il passe sur celle de votre domestique, d'où, après avoir subi un *retapage* habile, il retournera sur votre tête, pour recommencer perpétuellement le même voyage, je n'aurai plus rien à ajouter et ma besogne sera terminée.

Je ne sais si le lecteur éprouve la même impression que moi, mais en découvrant une à une toutes les merveilles que l'industrie parisienne a su tirer de la hotte du chiffonnier, je ne puis m'empêcher d'avoir de la sympathie pour

tous ces pauvres noctambules marcheurs, piqueurs, placiers ou chineurs, que la société semble mépriser, et qui
cependant sont d'utiles gens, qui gagnent honorablement
leur pain, et nous rendent à tous de réels et d'incontes-
tables services.

Quand donc, à l'avenir, vous rencontrerez, le soir, dans
les rues de Paris, l'homme à la hotte et au crochet, vous
vous souviendrez que cette hotte, quelque dégoûtante
qu'elle paraisse, n'en est pas moins une véritable mine
d'or qui produit des millions qui, sans les chiffonniers,
seraient perdus pour tout le monde ; vous vous souviendrez aussi que la lanterne du *piqueur*, apparaissant tout
à coup dans une rue déserte, a plus d'une fois suffi pour
empêcher un délit ou un crime ; vous vous direz enfin que
si, la plupart du temps, la hotte cache un déclassé ou un
ivrogne, elle dissimule rarement un voleur et que, quelquefois, dans la poitrine du chiffonnier qui marche courbé
sous le poids de son mannequin, bat un cœur noble et gé-
néreux.

L'habit, a dit le fabuliste, ne fait pas le moine. Le proverbe peut avec beaucoup de vérité s'appliquer aux chiffonniers, et si parmi mes lecteurs, il s'en trouvait un qui eût la
tentation et le loisir d'entreprendre le voyage que j'ai moi-
même accompli à travers ce monde interlope, peut-être
qu'il lui arriverait plus d'une fois de rencontrer au fond
d'une de ces cités qui sentent si fort la misère et le vice,
un être humain auquel il serait heureux de serrer la main.

La réputation d'honnêteté des chiffonniers est prover-
biale. Il est excessivement rare qu'un chiffonnier soit
poursuivi pour vol. Non seulement le chiffonnier ne vole

Triage du chiffon

pas, mais il rapporte fidèlement chez le commissaire de
police les objets qu'il peut trouver dans sa tournée nocturne. Et ces objets ne sont pas seulement des couverts en
argent, des bagues ou des bracelets, c'est-à-dire des valeurs
dont il lui serait quelquefois difficile de se débarrasser,
mais des pièces de monnaie et des billets de banque. Un
chiffonnier trouve un jour 12000 francs en pièces de vingt
francs. Il s'empresse de porter le trésor à la préfecture de
police et, au chef de division qui le félicite de sa conduite
honnête, il répond fièrement : « Dans notre monde, monsieur, nous sommes tous comme ça, nous vivons d'ordures
mais nous n'avons pas l'habitude de manger au râtelier
des voleurs ». On a vu des vieillards infirmes et misérables
s'imposer les plus grandes privations pour élever un enfant
ou aider un ami. Il existe à cette heure à Paris, au fond de
la rue Sainte-Marguerite, qui est certainement la rue la
plus sale et la plus dangereuse de Paris, une vieille chiffonnière, Belge de naissance, qui n'a pour toutes ressources
que le maigre produit de son travail. La pauvre femme avait
trois enfants. L'aîné l'a abandonnée, le second, c'est une
fille, a été expulsée du territoire français, le troisième s'est
noyé. La malheureuse n'est cependant pas seule; il lui
reste un autre enfant. Un jour, il y a de cela douze ou treize
ans, la chiffonnière était occupée à trier le contenu de sa
hotte, lorsqu'elle vit arriver une dame élégante qui venait
demander s'il ne se trouverait pas dans la cité une femme
disposée à élever au biberon l'enfant qu'elle tenait dans les
bras. La chiffonnière, un peu étonnée qu'une si belle dame
osât frapper à la porte d'une demeure si misérable, offrit
cependant ses services. Ils furent acceptés; on convint d'un

33

prix, 20 francs par mois. La dame paya le premier mois, puis elle embrassa l'enfant et partit. On ne l'a jamais plus revue. Est-elle morte, a-t-elle abandonné son enfant, nul ne le sait. La chiffonnière pouvait apporter son nourrisson aux *Enfants trouvés*, elle ne l'a pas fait. Elle avait promis d'élever l'enfant de son mieux et elle a voulu tenir parole. C'est à peine si la malheureuse gagne trente sous par jour et cependant, l'enfant abandonné n'a jamais manqué ni de pain ni de vêtements. Cet enfant a poussé ; c'est aujourd'hui une grande fillette qui, proprement vêtue, s'en va tous les matins à l'école et qui, lorsqu'elle rentre le soir au logis, trouve chez sa mère adoptive les soins les plus touchants, et les plus délicats.

Il y a quelques jours, notre vieille femme est appelée chez le commissaire de police. Elle se rend immédiatement chez le magistrat, et là elle apprend que la véritable mère de l'enfant jadis abandonné à ses soins, vient de reparaître et qu'elle réclame son bien. « La loi, lui dit le magistrat, est formelle, il faut que vous rendiez l'enfant ; d'ailleurs ce sera pour vous une bonne affaire, car je vous ferai payer les mois de pension qui vous sont dus et vous serez débarrassée d'un enfant qui ne vous rapportait rien, puisque vous ne la faisiez jamais chiffonner avec vous ?

— Comment, s'écrie la vielle chiffonnière, vous dites que cet enfant ne me rapporte rien ? Est-ce que vous trouvez que ce n'est rien pour une pauvre femme comme moi, que de m'entendre appeler maman, par une petite fille si propre et si gentille, qui fera un jour mon honneur ? Rendre l'enfant à sa mère, y pensez-vous, monsieur le commissaire ! Sa mère, c'est moi, car c'est moi qui l'ai élevée, qui l'ai nourrie, qui l'ai soignée. » Le commissaire insiste. « L'enfant est à moi, répond sans cesse la chiffonnière ; ne vous préoccupez pas de ma misère. Il y a dix ans que je ne me nourris plus que des croûtes de pain que je trouve dans le ruisseau ; je suis faite à cette existence. Si vous me retirez l'enfant je ne saurais plus comment dépenser mes trente sous par jour, car c'est à elle seule que je les consacre. »

Le commissaire dut cependant obéir à la loi et rendre à une mère peut-être indigne, l'enfant auquel la pauvre vieille chiffonnière, pendant plus de dix ans, s'était consacrée avec un dévouement et une abnégation vraiment admirables.

Avais-je tort de dire que dans une cité de chiffonniers on trouve quelquefois des gens auxquels on est heureux de tendre la main? Les femmes n'ont pas le monopole de ces actes de dévouement et les hommes, eux aussi, sont susceptibles à un moment donné, de faire preuve de cœur, de courage et même d'héroïsme. Je ne veux citer qu'un fait, ce sera le dernier.

C'était pendant les jours sombres du siège de Paris ; nous étions deux millions d'habitants enfermés dans un cercle de fer. Depuis quatre longs mois nous avions moralement et matériellement enduré tout ce qu'un être humain peut souffrir en ce monde. Le doute et la crainte avaient succédé à l'enthousiasme et à l'illusion, puis était survenue la nouvelle fatale annonçant la trahison et la défaite, puis le froid, puis la faim et nos corps dévorés et minés par la misère n'avaient plus que la haine et l'espérance pour les soutenir. Ah! l'espérance, cette dernière ressource du nau-

fragé, la sainte espérance, *spes contra spem*, cette force su-
blime qui nous soutient envers et contre tous, parce qu'elle
puise sa source dans les pensées saines, nobles et généreuses, l'espérance, dis-je, ne nous abandonnait pas. Et
cependant, que de déboires, que de déceptions, que de
souffrances! On aurait dit que le ciel et la terre se liguaient
contre nous. Un froid tel que Paris n'en avait jamais vu,
sévit tout à coup sur la capitale en deuil. La Seine gèle, nos
canonnières bloquées par les glaces ne peuvent plus avancer; sur terre c'est en vain qu'hommes et chevaux s'at-
tèlent aux pièces de canon, la glace paralyse leurs efforts,
et aux avant-postes un matin, la garde montante remarque
avec stupeur que plusieurs sentinelles se tiennent immo-
biles l'arme au bras. Le froid les avait clouées sur place;
ces sentinelles étaient devenues cadavres. Mais voici qu'un
cri retentit dans Paris : « Plus de vivres », et alors commence cette série d'efforts désespérés et sublimes qui dans
notre malheur, à nous feront notre gloire et notre consola-
tion. On rationne les combattants, on rationne les femmes
et les enfants, on rationne les malades ; on mesure la nourriture du vieillard qui va mourir. On mange les chevaux,
les ânes, les mulets, les éléphants et les animaux féroces
du Jardin des Plantes, les moineaux de nos squares, les
chiens et les chats errants dans les rues, les rats immondes
de l'égout. Bientôt même on arrache aux vieux os ramassés
l'année précédente par les chiffonniers et entassés dans les
usines, le peu de matière nutritive qu'ils peuvent encore
contenir. Mais les difficultés augmentent sans cesse : plus
de charbon, plus de bois, plus de gaz, plus d'huile, plus
de lumière.

Bientôt le bombardement commence, et Paris la cité policée par excellence, Paris la capitale si hospitalière, la ville aux idées généreuses voit avec indignation, qu'en plein dix-neuvième siècle, les richesses artistiques qui sont cependant le patrimoine du monde entier, ne trouvent pas grâce devant le canon ennemi.

Ces merveilles que nous avons réunies à grands frais dans nos musées afin que tous ceux qui aiment le beau, qu'ils soient français ou qu'ils soient étrangers, puissent les admirer, il faut songer à les mettre à l'abri d'un boulet ou d'un obus! et tandis que les hommes s'occupent de ce sauvetage, les femmes et les enfants, les pieds dans la neige attendent des heures entières à la porte d'une boulangerie pour recevoir 500 grammes de pain noir.

Eh bien, c'est pendant un de ces jours si épouvantablement tristes que s'est passé l'épisode que je veux raconter.

Dans une cité de chiffonniers un vieillard en haillons se tient sur la porte, écoutant avec anxiété la formidable voix du canon, qui fait retentir l'air de ses éclats et, cherchant à savoir si cette voix qui tonne si fort est une voix française ou une voix prussienne. A côté de lui deux enfants de dix et de douze ans, la figure livide, les yeux grands ouverts rampent par terre; au fond de la misérable chambre une femme de vingt ans berce sur ses genoux un bébé de quelques jours qui s'épuise en vains efforts pour tirer du sein épuisé de sa mère quelques gouttes de lait qui n'y sont plus.

C'était tout ce qui restait de cette cité, jadis grouillante de monde. Tout ce qui pouvait marcher était parti, les jeunes étaient aux avant-postes, les vieux sur les remparts.

Tout à coup une lueur sinistre éclate dans le ciel, puis un
bruit strident fait vibrer l'air. C'est un obus. L'obus marche
en ligne droite vers la misérable demeure du chiffonnier;
il entre dans le pauvre réduit, enfonce le mur, arrache
l'enfant du sein de sa mère, coupe la femme en morceaux
et tapisse les murailles d'un mélange de chair, de sang et
d'os broyés.

« Ah, c'en est trop! s'écrie le vieillard; enfants prenez
votre crochet et suivez-moi?

— Grand-père, demande l'aîné, faut-il prendre la hotte?

— Inutile, petit, le crochet, et cela suffit. »

Tous trois sortent de la cité en ruines, ils traversent fièrement les faubourgs. On aurait dit qu'un souffle patrio-
tique animait et inspirait cette tête de vieillard.

Où vont-ils? Je ne le sais, mais je crois le deviner. Voyez,
ils se dirigent du côté où retentit le canon; les voilà aux
fortifications, ils passent et marchent encore. Les voici
aux avant-postes; ils marchent toujours...

Le lendemain après la grande bataille, les ambulanciers
qui relèvent les morts, s'arrêtent étonnés devant un spectacle étrange : un vieillard et deux enfants, chacun la poitrine traversée par une balle, sont couchés dans la neige.
Tous trois tiennent encore dans leur main crispée un crochet de chiffonnier! Les chiffonniers étaient morts comme
meurent les braves, comme meurent les héros !

TABLE DES MATIÈRES

FIN DE LA TABLE DES MATIÈRES.

9413 10. — CORBEIL, Imprimerie CRÉTÉ .

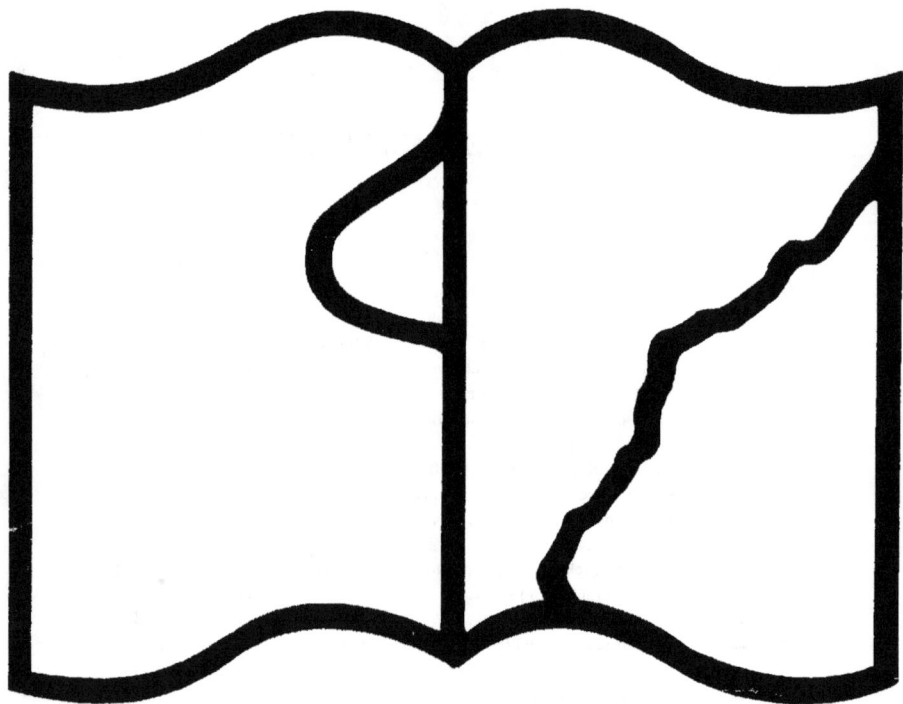

Texte détérioré — reliure défectueuse

NF Z 43-120-11

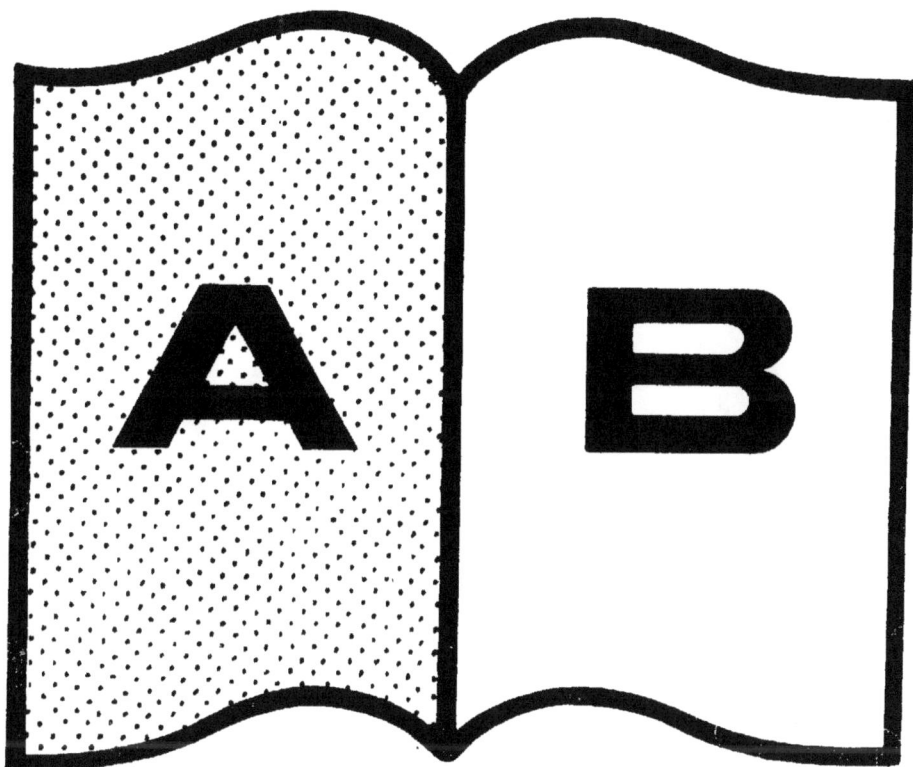

Contraste insuffisant

NF Z 43-120-14

www.ingramcontent.com/pod-product-compliance
Lightning Source LLC
Chambersburg PA
CBHW060342200326
41519CB00011BA/2010